北海道で生きるということ

過去・現在・未来

清末愛砂
松本ますみ
編

法律文化社

はじめに

「日本国憲法がなぜ，北海道に適用されているのだろうか？」――勤務する室蘭工業大学の「日本の憲法」の授業のなかで，受講生にこのように尋ねることがある。問いかけられた受講生は一斉に怪訝そうな顔をする。その反応を見るかぎり，大多数の受講生が「担当教員はなぜ，このような奇妙な質問をするのか。北海道は日本の一部なのだから，憲法の適用は当然のこと。そんなことは尋ねるまでもない」と考えているように見える。尋ねるまでもないように思えるこの問いは，大日本帝国およびそれに続く日本国という国家の歴史的文脈から，北海道の成り立ちとその位置づけを思考するうえできわめて重要なポイントを含んでいる。

日本国憲法がいま北海道に適用されているのは，実のところ植民地主義と軍国主義にもとづく各政策を繰り返してきた大日本帝国の歴史と大いに関係がある。北海道は同帝国の政策の一環として帝国内に併合され，事実上の植民地として同帝国の支配下に置かれた。その結果，現在，日本国の都道府県の1つとしての北海道が存在している。言い換えれば，北海道は同帝国の植民地主義の帰結として，日本国憲法の適用下にある。しかしながら，本来，北海道とは先住民アイヌの土地である〈アイヌモシリ〉であり，日本政府はアイヌを先住民として〈認識〉しているにもかかわらず（2008年6月6日，衆参両議院で「アイヌ民族を先住民族とすることを求める決議」が採択されている），日本国憲法は先住民の集団としての権利をまったく保障していない。これは，いまなおアイヌに対する差別的視点にもとづく政策が継続していることを指し示す1つの例である。同時にこれは，基本的人権を基調とする日本国憲法の重大な欠点であるともいえるだろう。

アジア太平洋戦争末期，多数の北海道出身の兵士（アイヌ，和人）が沖縄に投入され，その結果，沖縄戦に動員された日本兵のなかでは北海道出身者が最大の犠牲者となった。この事実は，大日本帝国による北海道の人々に対する差別

的視点，すなわち棄民（きみん）化を表す1つの事例である。天皇主権国家である大日本帝国の最後の生命線であった本州を物理的に守るために，沖縄民衆を盾にしてその防波堤を築き，そこに遠く離れた北海道から兵士を〈捨て石〉の沖縄戦に派遣した。沖縄と北海道がともに同帝国の〈〈内なる〉植民地〉として位置づけられてきたからこそ，このような判断がなされたのである。言い換えれば，その意思を問わず帝国内の民衆・兵士として動員されてきた人々の間には，〈いのちの格差〉が明確に存在していたということになる。何よりも貴重な生命を出身地等の違いによって序列化し，異なる扱いを内在化する。これは植民地主義の残酷性をかたちづける1つの特徴である。

また，現在，北海道に自衛隊の施設が集中しているという事実（土地面積でいえば最大規模である）は，〈いのちの格差〉という大日本帝国の発想がそのまま継続されてきたことを表す一例であるといえよう。駐日米軍基地の約74％が沖縄に存在している事実とあわせて考えるときに，無自覚・無意識なものであろうとも，その〈正当化〉の論理の根底には同帝国から脈々と受け継がれてきた植民地主義者の発想が根づいていることが浮き彫りとなってくる。科学技術が発達した現在，隣国と〈国境〉を接する南北の地域であるという地政学上の理由をもって，このような事実を説明することはできない。この問題はまた日本国憲法14条がうたう「法の下の平等」の現実とその矛盾を考える際にも，避けて通ることができない議論のポイントとなろう。自衛隊や米軍基地の存在は，周辺住民を守るという名目とは裏腹に，「有事」の際の危険性，日常の騒音や潜在的・顕在的暴力の存在という観点からすれば，これらの地域に住む人々の「平和的生存権」の侵害に大きな関わりを有する問題でもある。そう考えるならば，沖縄同様，北海道も表面上は日本国憲法の適用下にありながら，事実上その番外地とされてきた側面があることを否定することはできないであろう。

さて，本書のキーワードの1つは「植民地主義」である。本書の目的は，過去から現在，そして未来へと続く1本の時間軸の上にある北海道の平和に関わる諸問題に着目しながら，大日本帝国と日本国の政策によってもたらされてきたさまざまな事象・出来事の背景を探ることにある。しかし決してそこにとどまるのではなく，最終的にはそれをふまえたうえで，北海道の未来の平和のあ

りようを読者の一人ひとりに熟考してもらうことをめざすものである。

　植民地支配という負の歴史を検証することなくして，平和の道へと続く〈和解〉がもたらされることはない。日本を含む〈アジアの一大観光地〉（それは沖縄も同様である）となっている現在の北海道のもう１つの顔——歴史的にいかなる視点から構築され，現在に至るのか——を真正面から見つめ，それを真摯に受けとめる〈勇気〉とその後の歩みが強く問われている。北海道の広い大地を搾取や支配の対象としての大地ではなく，ひとの〈生〉を肯定し，また〈生〉を精神的・物理的に豊かに育む平和な大地へと転換しようとする試みこそが，北海道の未来の平和を築く鍵となるのではないだろうか。

　本書は構成上，現在のテーマに焦点を当てることから始まる。この瞬間に生じているアクチュアルな課題を先に提示することでまずは足元の問題を問い（第Ⅰ部），次にそれらの問題群と複合的に結びついている過去（しかしそれは決して文字どおりの〈過去〉ではない）の課題へと移る（第Ⅱ部）。最後に現在と過去の出来事から得た〈反省〉を北海道の未来の平和につなげるための足がかりを示す（第Ⅲ部）。

　また，各章で十分に取り上げることができなかった関連する個別のテーマを【コラム】というかたちで各所に盛り込んでいる。本書の最後に収録している【座談会】とあわせて，読んでいただけると幸いである。

【清末愛砂】

目　次

はじめに

第Ⅰ部　現在の問題から考えてみましょう

第1章　奨学金問題：若者に生存権はあるのか ——— 3

1. 若者が置かれている状況：奨学金問題とは何か…………………… 3
2. 北海道の大学生の状況：インクルの調査結果から ………………… 6
3. 若者に生存権はあるのか：構造的暴力としての奨学金被害……… 11

第2章　学生生活とアルバイト ——— 16

1. 大学が置かれている状況と学生の貧困化………………………… 16
2. ブラックバイトとは何か………………………………………… 17
3. 室蘭工大生のアルバイト生活…………………………………… 18
4. 室蘭工大生の労働問題 ………………………………………… 23
5. ブラックバイト防止に向けた取り組み ………………………… 25
6. よりよい学生生活に向けた方策………………………………… 26

第3章　室蘭と安保法制：平和的生存権のゆくえ ——— 28

1. 2004年2月の室蘭港での出来事………………………………… 28
2. イラク戦争・占領統治と室蘭…………………………………… 29
3. 室蘭港と戦争…………………………………………………… 32
4. 室蘭の人口減問題と自衛隊関連施設誘致……………………… 34
5. 安保法制と室蘭………………………………………………… 36
6. 平和的生存権と室蘭の将来…………………………………… 39

【コラム①】　安全保障関連法案への政治的抵抗の様相　42

【コラム②】　Café de KENPO!《カフェで憲法を語ろう！》　45

【コラム③】　18歳からの選挙権：あなたとあなたの社会の未来を拓くために　48

目　次

第Ⅱ部　過去にさかのぼってみましょう

第4章　植民地主義の原型(プロトタイプ)としての北海道 ─── 53
　1　底辺の人々に向けた視線への脚光 ……… 53
　2　北海道の風景：「内地」との比較において ……… 54
　3　「利用」される大地：内国植民地 ……… 56
　4　見えない植民地主義と移民の群れ ……… 59
　5　自然の荒廃 ……… 60
　6　「殖民地」北海道 ……… 61
　7　アイヌへの差別 ……… 62
　8　強制連行・強制労働 ……… 64
　9　タコ部屋労働 ……… 66

第5章　祖父母のライフヒストリーから見る北海道の歴史 ─── 71
　1　はじめに ……… 71
　2　女性のライフヒストリー ……… 72
　3　男性のライフヒストリー ……… 78

【コラム④】　アイヌ遺骨問題と北海道大学　　84
【コラム⑤】　父と沖縄戦と平和　　87
【コラム⑥】　イスラエル／パレスチナ問題から考える北海道：植民地支配・占領という共通点　　90

第Ⅲ部　わたしたちの未来はどうなるの？

第6章　戦争の文化から平和の文化へ ─── 97
　1　はじめに ……… 97
　2　日常化する暴力 ……… 98
　3　平和の文化 ……… 100
　4　平和構築講座：平和を作り出す方法を学ぶ ……… 102

- 5 日常としての平和づくり……………………………………………… 108

第7章 根釧原野から切り拓く平和の未来 ——— 111
- 1 凍てつく厚床駅から………………………………………………… 111
- 2 根釧原野と軍事との関わり………………………………………… 113
- 3 政策に振り回されていることの自覚……………………………… 113
- 4 立ち退きに抗して結集する民衆…………………………………… 115
- 5 矢臼別闘争の文化…………………………………………………… 116
- 6 身の丈にあった酪農経営の確立へ………………………………… 117
- 7 農民の生活実践から立ち上がる平和の価値……………………… 119
- 8 まとめ………………………………………………………………… 121

【コラム⑦】 遺骨奉還運動と平和の踏み石　124

【座談会】 持続可能な地域をめざして：北海道を例に　127

おわりに

執筆者紹介

第 I 部

現在の問題から考えてみましょう

第1章 奨学金問題：若者に生存権はあるのか

1 若者が置かれている状況：奨学金問題とは何か

■「返したくても，返せない」

　独立行政法人日本学生支援機構（以下「機構」という）の「平成26年度学生生活調査結果」によれば，大学昼間部に通う学生の51.3％が奨学金を借りている。そのほとんどが機構の奨学金である。ということは，いまや学生の2人に1人が奨学金を借りている。裏を返せば，奨学金を借りなければ，大学への進学ができない学生が2人に1人ということである。筆者自身も，学部・法科大学院と機構の奨学金を借りて勉強を続けてきた。機構の奨学金は，学びを助ける非常に有益な制度である。

　しかし，機構の奨学金は，本来的に「借金」であり，「ローン」であることを忘れてはならない。機構が滞納者に対して起こす訴訟は「貸金請求事件」であり[1]，要するに「貸した金，返せ」という裁判である。読者のなかには，「借りた金は返すのが当たり前だ」と感じる人がいるかもしれない。しかし，奨学金と普通の貸金とは性質がまったく違うのだ。一般に，お金を貸す側は，借りる側が返済可能かどうかを調査し，返せると思う範囲で貸し付けを行っている。この「貸したら返してくれるだろう」という期待を「信用」という。しかし，奨学金の場合，奨学生の信用は，借りる段階ではまったく未知数なのである。

　そして，延滞者のほとんどは「返したくても，返せない」状態にある。機構

---

1) 事件名は，原告がその事件の実情を端的に示す名称を付すことになっている。したがって，機構が「貸金請求事件」という事件名を付けているということは，奨学金であっても一般の融資つまりローンと同じだと考えていることが推測される。

の調査でも滞納者の約6割が，年収300万円以下の低所得者である。この「返したくても，返せない」という実態が，元奨学生の人生に大きな影を落としているのである。

■「奨学金問題」とはどのような問題なのか

　一口に奨学金問題といっても，その意味するところは必ずしも一義的ではない。論者によって，あるいは論ずる角度によって，奨学金問題は，さまざまな定義がなされる。ここでは機構の奨学金を念頭に置いて，「学費の高騰と家計の悪化が学費における貸与型奨学金への依存度を高めているなかで，雇用の流動化が進み，とりわけ若年層が経済的困窮に陥っているにもかかわらず，不十分な救済制度しかなく，現状に逆行するように回収強化策がとられていること」と定義しておこう[2]。

　この定義は，奨学金問題による被害者が，構造的に生み出されていることを意味している。大学の学費は年々高騰する一方，家計の可処分所得も，家計に占める教育費もどんどん減少している。大学へ進学するためには，奨学金を借りざるをえない状況に追い込まれている。卒業後の就職にしても，かつてはいわゆる日本型雇用（新規学卒者の一括採用，終身雇用，年功序列賃金）という制度的な保障があり，返還のめどが立てやすかった。

　しかし，雇用の流動化が進んだことにより，非正規雇用が増大し，不安定な身分と低賃金にあえぐ「ワーキングプア（働く貧困層。フルタイムで働いても，生活保護水準に満たない賃金しか得られない就業者）」と呼ばれる年収300万円以下の層が増加した。その結果，「返したくても，返せない」という延滞者が，とりわけ若年層で急増しているのである。

　にもかかわらず，機構の回収は強化されている。日本育英会から機構に改組されて以降，奨学金の金融商品としての性格がきわめて強くなっている。延滞情報は，機構の債権管理部で管理される。最初は機構が督促などを行うが，延

2）　この定義は，奨学金問題対策全国会議が，奨学金問題をいくつかの要因に分析したものを筆者が整理したものである。

滞3か月で信用情報機関（いわゆるブラックリスト）に情報を提供され，延滞4か月で「サービサー」と呼ばれる債権回収会社へ回収を委託し，延滞9か月で裁判所に支払督促が申し立てられる。その場合には，繰上げ一括返還制度を使って，貸与額全額の一括返還が求められるのだ。このようにきわめて事務的に回収作業が行われているのである。猶予制度の説明も，遡及的猶予制度などの説明も十分になされていない。

　延滞据置猶予制度ができるまでは，延滞者は猶予申請すらできなかった。月々の返還ができずに延滞となっているのに，延滞金を一度支払わなければ猶予申請ができなかったのである。多少の改善はあったが，延滞者にとって機構の猶予制度はきわめて使いにくい制度となっている。

　奨学生はそもそも信用が低い。にもかかわらず，奨学生の求めに応じて，ほとんど制限なく貸し付けを行う。それでも日本型雇用が成立しているうちは，かろうじて返還が可能であった。就職さえできれば，一定の給与が確保され，返済のめどが立ったからである。しかし，雇用が流動化している現在，生活すらままならない状態にある若者も少なくない。安定した職業に就けなければ，多額の奨学金という借金のみを抱える。当然，彼・彼女らは結婚や出産という人生の大きな選択をためらう。彼らに夢と希望を与えるはずの奨学金は，大きな壁として立ちはだかるのだ。

■ 日本育英会から独立行政法人日本学生支援機構へ

　この奨学金問題を考えるうえで，少し歴史を振り返ってみよう。日本の育英奨学制度が公的に担われるようになったのは，アジア太平洋戦争末期の1943（昭

---

3) サービサーとは，不良債権の処理等を促進するために，弁護士法の特例として，法務大臣が許可した債権回収業者である。
4) 延滞に陥った段階で，猶予が認められる事情があったことを，機構が認める文書によって証明した場合に，遡って猶予を認める制度。これまでは事情説明書で足りたものが，立証方法を「機構が必要と認める文書」に限定したことで，利用しにくくなった。
5) すでに延滞状態になっていても，年収200万円以下などの条件を満たす場合には猶予申請を認める制度。しかし，時効の援用をしたり，すでに法的手続きに入った者には猶予申請を認めないなどと運用が変更され，救済がされないケースも多い。

和18)年の財団法人大日本育英会の設立に始まる。「国家有用ノ人材ヲ育成スルコトヲ目的」として，あらかじめ進学すべき国民学校の生徒を選抜し，進学した際には学費等の全額を貸与するという予約採用制度が採用された。

いまひとつは，同じ年に発足した文部省直轄の「大学院又ハ研究科ノ特別研究生」制度である。これは，戦争を遂行していくうえで必要不可欠と思われる優秀な学生を選んで，大学院に入れて特別研究生とするのである。特別研究生は徴兵が猶予され，当時の帝国大学の助手の初任給相当分を奨学金として給付されていた。これらは進学の機会均等ではなく，育英，つまりエリートを育てることが主たる目的であった。

戦後は，日本育英会として再スタートを切る。1947（昭和22）年に，これまでの予約採用制度を廃止し，在学生に対して必要に応じて貸与する方針，つまり「育英」から「奨学」へと方針が変更された。

1984（昭和59）年の日本育英会法の全部改正の際に「国家及び社会に有意な人材の育成に資するとともに，教育の機会均等に寄与する」組織として，奨学事業も法的に位置づけられ，外部資金を中心的な原資とする有利子奨学金が創設された。この有利子奨学金は，あくまで無利子奨学金の補充的な位置づけとして創設されたが，1994（平成6）年の「きぼう21プラン」導入により，有利子奨学金の採用基準が緩和され，いまや機構の奨学金は有利子奨学金が主流である。

2004（平成16）年に，日本育英会は独立行政法人日本学生支援機構へと改組され，奨学金事業は「金融事業」として位置づけられた。2007（平成19）年からは銀行などの民間資金の導入も始まった。民間資金の導入によって，機構は，自身の投資対象としての価値も高める必要があった。そのひとつが，上述の回収強化なのである。

2　北海道の大学生の状況：インクルの調査結果から

■ **調査目的**

インクル（北海道学費と奨学金を考える会，2013（平成25）年設立）は，北海道における奨学金問題に取り組んでいる市民団体であり，筆者もそのメンバーであ

る。インクルでは，これまでさまざまなイベントを行い，奨学金問題についての情報提供と救済手段の広報を行ってきた。2016（平成28）年の取り組みとして，道内の奨学金の利用実態を調査するため，道内の国公私立大に対してアンケート調査を行った。

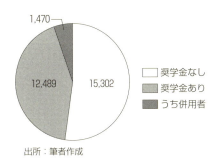

図1-1 奨学金の借入状況（単位：人）
出所：筆者作成

調査の具体的調査項目は，①奨学金利用者人数，②併用貸与者人数，③第一種奨学金および第二種奨学金の種類別人数，④第二種奨学金利用者の月額貸与金額，である。

本調査の対象としたのは，道内の四年制大学であり，国公立大学16校中7校から，私立大学27校中13校から回答を得た（回答率：国公立大学43.8％，私立大学48.1％，合計46.5％）。

■ 奨学金の利用実態

奨学金利用者数について　まず，回答のあった国公立大学の学生数合計は10,741名である。そのうち，5,020名（46.7％）が奨学金を利用し，うち551名（5.1％）が第一種と第二種を併用していた（併用貸与）。

回答のあった私立大学の学生数合計は18,520名である。そのうち，8,939名（48.3％）が奨学金を利用し，うち919名（5.0％）が併用貸与者であった。

これらをあわせると，29,261名のうち，15,429名（52.7％）が機構の奨学金を借り，貸与者のうち1,470名が併用者である（図1-1）。道内においても，大学生の2人に1人が機構の奨学金を利用しているのだ。

種類別人数について　第一種奨学金（無利子）と第二種奨学金（有利子）の種類別の利用者については，国公立と私立大学で有意な差が出た（表1-1）。

国公立大学では，機構の奨学金を受けている学生5,519名のうち，第一種奨学金が2,448名，第二種奨学金が3,071名であった。他方，私立大学では，9,033名

表1-1 種類別人数

		1年	2年	3年	4年	5年	6年	合計
第一種（無利子）	国公立	678	667	523	495	50	35	2,448
	私 立	705	693	555	448	41	39	2,481
第二種（有利子）	国公立	651	729	773	794	65	59	3,071
	私 立	1,649	1,542	1,701	1,498	86	76	6,552

出所：筆者作成

表1-2 第二種奨学金の貸与金額と人数

		1年	2年	3年	4年	5年	6年	合計
3万円	国公立	98	89	80	72	4	3	346
	私 立	146	147	124	116	1	4	538
	全 体	244	236	204	188	5	7	884
5万円	国公立	206	245	284	306	15	11	1,067
	私 立	417	418	438	397	5	2	1,677
	全 体	623	663	722	703	20	13	2,744
8万円	国公立	107	109	125	105	11	6	463
	私 立	332	319	355	328	4	6	1,344
	全 体	439	428	480	433	15	12	1,807
10万円	国公立	48	70	73	84	7	11	293
	私 立	280	236	285	288	6	3	1,098
	全 体	328	306	358	372	13	14	1,391
12万円	国公立	51	64	73	72	28	28	316
	私 立	259	222	237	204	2	4	928
	全 体	310	286	310	276	30	32	1,244
※12万円私立のみ増額		14	16	10	21	13	14	88

出所：筆者作成

のうち第一種奨学金が2,481名，第二種奨学金が6,552名であり，第二種奨学金の割合が第一種奨学金の2.6倍強である。

　これは，第一種奨学金の学力要件が影響しているものと思われる。私立大学のほうが学費等の納入金が一般に高額であるため，次項の第二種奨学金の利用

金額とも相まって，借入総額の高額化につながっているといえよう。

第二種奨学金の金額別利用人数　第一種奨学金は金額が固定されているのであるが，第二種奨学金は貸与月額を選択できる。奨学生がどのくらいの金額を借りているのかを知っておく必要がある（表1-2）。

国公立大学の結果は，次のとおりである。月額3万円は346名，月額5万円が1,067名，月額8万円は463名，月額10万円は293名，月額12万円は316名であった。

私立大学では，月額3万円は538名，月額5万円は1,677名，月額8万円は1,344名，月額10万円は1,098名，月額12万円は928名であり，月額12万円貸与者のうち増額請求をしているのは約10%の88名であった。[6]

■ 調査結果から見えてくること

奨学金の借入額から見えてくること　国公立大学，私立大学を問わず，月額5万円が最も多く，月額8万円以上も相当数が借りていることがわかる。月額5万円であれば，年間60万円となり，4年間で240万円である。これは，ほぼ国公立大ないし私立大学文系の学費に相当する。私立大学理系の学費を考えると，月額8万円となる。年間96万円，4年間で384万円，6年間で576万円である。これでもかなりの額となるが，学費相当分と考えればやむをえないところであろうか。

問題は，月額10万円以上の貸与者である。有利子奨学金の貸与額が高額であるということは，返還額も高額になるということである。より返還困難に陥る可能性が高い層といえるだろう。本調査では，奨学生に対して調査を行っていないため，その具体的使途は不明だ。したがって，筆者らがこれまで受けてきた相談や，奨学金問題に取り組む法律家たちからの情報提供などから推測するほかない。それを前提として，奨学金の使途を考えてみる。

---

6) 増額請求とは，私立大学で月額12万円の貸与を受けている学生のうち，進学先が医・歯学課程の場合は月額4万円，薬・獣医学課程の場合は月額2万円の増額が可能となる制度。

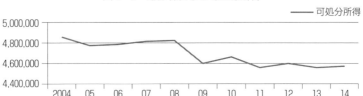

図1-2　勤労者世帯の可処分所得

出所：家計調査年報（家計収支編）平成26年（2014年）家計の概況Ⅰ　家計収支の概要（表Ⅰ-2-2を筆者が加工した）http://www.stat.go.jp/data/kakei/2014np/gaikyo/pdf/gk01.pdf

　まず，奨学金は学費として支払われているはずである。ここにいう学費とは，大学納入金（狭義）のほかに，教科書代や実習費，サークルの費用などの広義の学費も含まれている。広義の学費も奨学金で賄おうとすれば，当然月々の貸与額も高額になる。また，生活費を奨学金で賄っている学生も相当数いる。さらに，自宅生が高額の奨学金を借り入れ，それを家計に組み込み，家族の生活費としている例も少なからず存在する。奨学金がその家庭のセーフティネットになっているのだ。本調査からはその実態は不明であるが，今後，解明すべき問題である。

家計の状況から見えてくること　今回の調査だけでも，いまの学生とそれを支える家庭の経済実態の一端が明らかになったと思われるが，総務省統計局の2014（平成26）年の家計調査もあわせて検討してみよう。

　近時，勤労者世帯の可処分所得は減少傾向にある。2014（平成26）年の勤労者世帯の可処分所得は，年間4,583,148円である（図1-2）。消費支出は3,369,708円であるから，家計の黒字は1,213,440円しかない。国立大学の年間授業料の標準額は535,800円，入学金の標準額は282,000円であり，初年度納入金の標準額は817,800円である。他方，私立大学の年間授業料の平均額は864,384円，入学料の平均額は261,089円，初年度納入金の平均額は1,311,644円である。可処分所得に占める割合を見てみると，国立で17.8％，私立では28.6％に及び，消費支出控除後では，国立で71％，私立では108％になる。つまり，大学進学のためには，奨学金を借りざるをえないのだ。

3　若者に生存権はあるのか：構造的暴力としての奨学金被害

■ 重くのしかかる奨学金の返済

　労働者福祉中央協議会の調査によれば，奨学金の借入総額の平均は312.9万円であり，月の平均返還額は約17,000円だという。この金額をあなたはどう受け取るであろうか。

　奨学金の返済は，卒業後7か月後から始まる。厚労省の平成27年賃金構造基本統計調査結果によれば，2015（平成27）年の大卒者初任給の平均額は202,000円である。北海道に限ると198,800円だ。ここから社会保険料等が控除され，次年度からは住民税も控除される。手取り額としては15万円前後になる。そこから，家賃，水光熱費，食費，電話料金等々を差し引き，そのうえで17,000円の負担がのしかかる。

　これが非正規雇用となれば，その負担はさらに重くのしかかる。一般に非正規雇用労働者は，正規雇用労働者に比べて賃金が低い。しかも，昇給もなく，きわめて不安定な労働条件の下で働いている。北海道の2016（平成28）年の最低賃金（786円）にもとづいて計算すると，週40時間で4週間，月に160時間働いても125,760円にしかならない。ここから諸々の支払いを終え，さらに17,000円の支払いをするとしたらどうだろうか。

　厚労省と文科省の発表によれば，2015（平成27）年度の大卒者の就職率は97.3％だという。しかし，この就職率は，就職希望者に対する就職者の割合であるから，就職を希望しない者や諦めた者は母数に含まれない。大卒者全体に占める就職者は72.0％にすぎない。就職しない28％には進学や公務員志望者が含まれるが，一定数は，就職戦線から離脱してしまった者が含まれる[7]。彼・彼女らは，猶予申請を行わないかぎり（なんらかの理由で急に裕福になったという事情でもない

---

7)　警察庁の「平成27年中における自殺の状況」によれば，20〜29歳の自殺者2,352名のうち，88名が就職失敗，27名が失業を理由として自殺している。過酷な就職活動戦線がうかがわれる。

かぎり），卒業後7か月目の初回の返還から延滞に陥る。機構の調査でも，延滞者の62.8％が年収300万円以下の低所得者である。働いていない（働けない）か，働いていてもきわめて低賃金であることは明白なのである。

　未来を切り開くための奨学金が，人生の選択肢を奪っている。

■ 奨学金問題は構造的暴力によって生み出される

　ここまで読み進めてきて，あなたはどんな気持ちになっているだろうか。奨学金を借りていない人はほっと胸をなでおろし，奨学金を借りている人は愕然としているだろうか。学生の2人に1人は借りているのだから，あなたは借りていなくても，あなたのパートナーや恋人は借りているかもしれない。奨学金問題は，決してあなたと無関係ではないのだ。

　しかし，あなたが奨学金を借りることは，決して悪いことではないということは強調しておきたい。あなたの自己責任ではまったくないのだ。

　すでに述べたとおり，いまや大学で学ぼうと思っても，家計の縮小と学費の高騰も相まって，奨学金無くして学べない。本来的に学費は親が支払うべきであるという家族主義的な価値観の下，奨学金のほとんどは貸与奨学金である。進学を希望する学生にとって奨学金を借りないという選択肢はほとんどない。奨学金を借りなければ，進学を諦めるか，自分で稼ぐしかないからだ。大学を出ても厳しい雇用状況に置かれているならば，低所得のなかで初回から延滞状態に陥る。後はほぼ自動的に3か月で信用情報に登録され，9か月で繰上げ一括返還の支払督促が届く。奨学金問題は，このような構造的な問題なのだ。奨学金問題は，自己責任ではなく，構造的な暴力によって生み出されており，延滞や返還に苦しむ人々は，その被害者なのである。

■ 奨学金被害の救済に向けて

　奨学金問題の改善に取り組む法律家や研究者，市民が参加する奨学金問題対策全国会議では，多くの奨学金問題の被害者から相談を受けている。相談内容の解決方法として最初に活用するのが，不十分ではあるものの，機構の制度内の救済制度である。制度内救済手段としては，返還猶予制度や免除制度などが

ある。しかし，機構の調査でも延滞者の35.7％が制度を知らない。延滞者の44％の人が督促を受けて初めて知ったという結果が出ている。このことは，適切に返還猶予申請を行っていたならば，返還に苦しまなくても済んだ人々が，いまだ多く存在することを示している。

　次に考えるのは，法的救済である。なかには消滅時効が完成している奨学金もある。あるいは自己破産や個人再生手続を利用して，本人の経済的立ち直りを支援することもある。もっとも，連帯保証人や保証人がいる場合（人的保証）には，本人が救済されても連帯保証人や保証人に請求が行くため，これらの手続に踏み切れない人がいることもまた事実である。

　奨学金問題が構造的に作られた暴力による被害である以上，その加害はわたしたちの社会全体の問題であり，わたしたちが制度を根本から変えていく必要があろう。奨学金問題対策全国会議でも，制度の抜本的改善に向け，制度内救済手段の充実，人的保証の廃止，利息や延滞金の廃止，給付型奨学金の創設や学費の低額・無償化などを提言している。また，奨学金被害に苦しむ人たちの「助けて」という声の高まりを政府も無視できなくなった結果，機構は，2014（平成26）年度から生活困窮者の猶予期間を5年から10年に延長した。また，2016（平成28）年の参議院議員通常選挙では，与野党を問わず，給付型奨学金の創設や学費の無償化が選挙公約に掲げられた。このように，奨学金問題が社会問題として耳目を集めているのは，勇気をもって声をあげた奨学金問題の被害者がいるからである。社会の矛盾に対し，「助けて」と声をあげることは，とても大切である。なぜならそれが，制度を変える大きな原動力となるからである。

■ 貧困という構造的な暴力からの脱出

　ここまでで見てきたように，奨学金問題は複雑で，構造的なものである。

　本章では，奨学金問題を中心に若者の貧困問題を取り上げたが，昨今は，子どもの貧困にも注目が集まっていることを指摘しておきたい。しかし，若者の貧困も子どもの貧困も互いに関連性がない独立した問題ではなく，いずれも貧困問題という大きな枠組みのなかで，若者の側面と子どもの側面からそれぞれアプローチしたものにすぎない。

第Ⅰ部　現在の問題から考えてみましょう

　貧困は，構造的に生み出される重大な人権侵害である。誰もが貧困に陥る可能性がある。にもかかわらず，自己責任という言葉によって，被害者は社会のなかで孤立させられる。孤立した被害者は，誰にも相談することができず，無力だと思いこむことで，人間の尊厳が打ち砕かれていく。

　わたしたちは，一人では生きていくことはできない。一人ではリスクを背負いきれない。だからこそ，社会を作り，社会保障という制度を作り上げた。若者の生存権は，わたしたちの社会のなかにある。わたしたち自身が，社会の制度を再構築しながら，構造的な暴力に打ち勝つことでつかみ取るべき権利である。若者の生存権は，わたしたちの手のなかにある。

☞ 発展学習のための案内

〔読んでみよう〕
栗原康，2015，『はたらかないで，たらふく食べたい――「生の負債」からの解放』タバブックス．
栗原康，2015，『学生に賃金を』新評論．
川村遼平・大内裕和・木村達也，2014，『ブラック企業と奨学金問題――若者たちは，いま』ゆいぽおと．

〔調べてみよう〕
奨学金問題対策全国会議　http://syogakukin.zenkokukaigi.net/
独立行政法人日本学生支援機構　http://www.jasso.go.jp/
総務省統計局　http://www.stat.go.jp/
一般社団法人国立大学協会　http://www.janu.jp/

〔参加してみよう〕
インクルのイベントや例会　https://www.facebook.com/incl.hokkaido/

〔引用・参考文献〕
奨学金問題対策全国会議編，2013，『日本の奨学金はこれでいいのか！――奨学金という名の貧困ビジネス』あけび書房．
稲葉武・青砥恭・唐鎌直義・藤田孝典・松本伊智朗・川口洋誉・杉田麻衣・尾藤廣喜・森田基彦・中西新太郎，2016，『ここまで進んだ！格差と貧困』新日本出版社．
川村恒明「高等教育の環境・構造変化と奨学金制度」　http://www.zam.go.jp/n00/pdf/nd001007.pdf

小川智瑞恵「『大学院特別研究生関係』資料目録（一九四三～一九四五年度）」 http://www.u-tokyo.ac.jp/content/400005451.pdf
労働者福祉中央協議会，2015，『奨学金に関するアンケート報告書』 http://blog.rofuku.net/shogakukin/wp-content/uploads/sites/29/2016/01/7ce876708a008208fe614033331137f3.pdf

【池田賢太】

# 第2章 学生生活とアルバイト

1 大学が置かれている状況と学生の貧困化

　少子化が進むなか，高校に在籍する生徒数は年々減少し，卒業後に大学・専修学校に進学する生徒数も減少している。人口データを見ても人口の減少傾向は明らかであり，回復の兆しはない。高校卒業後に進学する生徒の数が減る傾向に，今後も変わりはないだろう。大学もいわゆる全入時代をむかえ，希望すれば誰でも大学に進学できる時代となり，定員割れの大学が地方私立大学を中心に半数を超え，大学の経営環境は厳しい。

　しかし，平成27年度の文部科学省「学校基本調査」によると，進学率は大学・短大進学が54.6％（現役），56.5％（過年度卒含む），専修学校（現役）16.7％，あわせれば70％を超えている。大学にかぎって見ても，過年度卒を含めた進学率は51.5％と半数を超えて，過去最高の水準に達した。10年前の平成17年度の大学・短大進学は47.3％（現役），専修学校（現役）19.0％，さらに20年前の平成7年では大学・短大進学は36.6％（現役），専修学校（現役）16.7％であった。進学率は確実に上昇している。

　一方，進学する生徒の状況はどうか。平成26年の厚生労働省「国民生活基礎調査」では，1世帯あたりの平均所得（児童あり）は700万円弱の水準で推移し，若干の波はあるが安定している。平均所得の水準が変わらないまま進学率が上昇し，大学への進学が所得の低い世帯にも広がった。それにともない，所得の低い世帯からの進学の増加が大学生の貧困問題として，新たに問題となっている。

　大学生の生活実態の調査として，全国大学生活協同組合連合の「学生生活実

態調査」、日本学生支援機構の「学生生活調査」などがある。平成27年度の「学生生活実態調査」では、毎月の仕送り状況として、平成12年度には、仕送り額が10万円以上60.4％、5～10万円28.7％、5万円未満（0円含む）10.4％、0円3.2％であったが、平成27年度には、仕送り額が10万円以上30.6％、5～10万円35.8％、5万円未満（0円含む）24.9％、0円9.1％となっている。最も高額の10万円以上の仕送りの割合は、平成12年度の6割から平成27年度の3割に半減しており、裕福な家庭の学生の割合は半分になった。仕送りが少ない5万円未満（0円含む）の割合は1割から2割5分へと2.5倍にも増加し、貧困学生の割合が拡大している。

「学生生活調査」には、家庭の年間収入別学生数の割合が掲載されている。平成16年度と平成26年度を比較すると、1世帯あたりの平均所得（約700万円）以下の階層において、平成26年度の割合が上回った。内訳を見ると、200万円未満が3.6％から5.9％に、200～300万円が3.7％から5.0％に、300～400万円が6.2％から7.2％に、400～500万円が7.6％から8.1％に、500～600万円が9.3％から10.5％に、600～700万円が10.7％から11.2％に、それぞれ増加した。一方、1,300万円以上の階層でも、平成26年度の割合のほうが高くなっており、二極分化が進んでいることがわかる。

学生の資金的ゆとりが減少すると、学費や生活費を目的としたアルバイトを続けざるをえない学生が増加し、勉学よりもアルバイトを優先する学生が増える。このことは学問の府としての大学にとって大きな問題である。学生から、思うように授業に出席できない、テスト勉強の時間がない、単位が取れないといった嘆きが聞こえてくる。

2　ブラックバイトとは何か

労働基準を無視して労働者を働かせるような、いわゆるブラック企業が社会問題化している。過剰な残業労働で過労死に追いやるような事態や、給与の不払い、パワハラなどで労働者をやめさせようとする行為など、労働者への違法な対応が行われている企業のことである。

労働者の権利を守る法として，日本国憲法をはじめ労働基準法などがある。労働基準法にもとづいて労働基準監督署が設置され，地域における違法な労働行為等を監視している。わたしたちには，正社員・非正規社員を問わず，パート，アルバイトに従事するときも，労働者として快適に労働に励める社会が約束されている。

ブラック企業のように労働者の権利を歪めているアルバイト雇用の場合は，いわゆるブラックバイトと呼ばれ，大学生を中心に被害が報告されている。厚生労働省でも平成27年度に「大学生等に対するアルバイトに関する意識等調査」を実施し，ブラックバイトの実態調査に乗り出している。ブラックバイトについて考えるうえでのポイントは，違法な行為があるかどうかである。この調査で取り上げている労働基準関係法令違反のおそれのあるものとして，「準備や片付けの時間に賃金が支払われなかった」「1日に労働時間が6時間を超えても休憩時間がなかった」「実際に働いた時間の管理がされていない（たとえばタイムカードに打刻した後に働かされたなど）」「時間外労働や休日労働，深夜労働について，割増賃金が支払われなかった」「賃金が支払われなかった（残業分）」，といった内容が挙げられている。そのほか労使間のトラブルと考えられるものとしては，「採用時に合意した以上のシフトを入れられた」「一方的に急なシフト変更を命じられた」「採用時に合意した仕事以外の仕事をさせられた」「一方的にシフトを削られた」「給与明細がもらえなかった」，などが挙げられている。

このような例は，アルバイト経験のある学生でも，これまで何となくおかしいと感じていたものの，労働に関する法律の知識がないために，はっきり違法という意識がないままにやり過ごしていた事柄であるかもしれない。当たり前だと感じていたことが，法律に照らして違法行為といわれて初めて，誤りであったことに気づく。当事者に違法行為の意識がないことが問題をあまり表面化させていないのだろう。ブラックバイト問題への対応の難しさはここにある。

3 室蘭工大生のアルバイト生活

全国的な状況のなかで北海道の学生の生活，とくにアルバイト生活はどのよ

うな状況にあるのか。筆者らの勤務する室蘭工業大学の学生を対象に、次の要領でアンケート調査を実施した。314人から回答を得た。

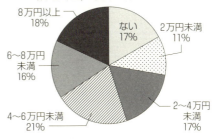

図2-1 仕送り額
（自宅外生，家賃を含み学費を除く）

出所：筆者作成

時　期：　平成27年12月。
対　象：　「哲学入門B」（昼間コース1年次）と「平和と憲法」（昼間コース2年次）の受講者全員，および「経済事情」（夜間主コース1・2年次）の受講者のうち任意協力者。
方　式：　質問用紙とマークシートを配布。その場で回答してもらい，回答を記入したマークシートを回収した。

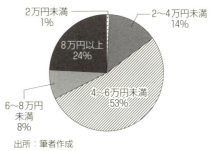

図2-2 貸与型奨学金の月額

出所：筆者作成

回答者：　昼間コース253人，夜間主コース61人。男性283人，女性31人。1年次162人，2年次124人，3年次21人，4年次7人。

　回答者の89％が親元を離れて生活しており，親元から通っているのは11％にとどまる。同じく89％が学費を親などに頼っており，自分で負担しているのは10％である。親元から離れている場合の仕送り額（家賃を含み学費を除く）は，2万円刻みで見てみると，「2万円未満」が若干少ないものの，「ない」から「8万円以上」までほぼ均等に分散している（図2-1）。これらのなかで，親元から離れていて仕送りがなく，学費（昼間コース535,800円，夜間主コース267,900円）を自分で負担している人が5％いる。この5％が，最も生活の苦しい学生とみてよいであろう。なお，昼間コースと夜間主コースに分けてみると，仕送りがな

図2-3 仕送り額と奨学金額

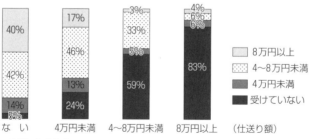

出所：筆者作成

い人が昼間コースでは13%であるのに対して夜間主コースでは36%，学費を自分で負担している人が昼間コースでは8%であるのに対して夜間主コースでは22%，そして仕送りがなく学費を自分で負担している人が昼間コースでは2%，

図2-4 時給額

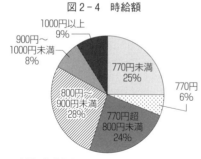

出所：筆者作成

図2-5 週平均労働時間

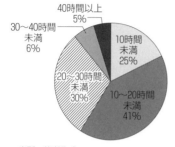

出所：筆者作成

夜間主コースでは15%と，夜間主コースのほうに経済的に自立している，またはせざるをえない人が多い。

奨学金について見てみると，なんらかの奨学金を利用している人が56%と，半数を上回っている。そのうち貸与型の奨学金を利用しているのが92%，給付型が11%である（ともに，両方あわせて利用している人3%を含む）。このうち貸与型にしぼって月額を見てみると，4～6万円という人が53%を占めているが，8万円以上という人も24%いる（図2-2）。これは奨学金を利用していない人を含めた回答者全員の12%にあたる。将来の返済が加重にならないか懸念される。とくに，仕送りの額が少ない人ほど多くの

奨学金を受けている傾向が見られる（図2-3）だけに、なおさらである。なかでも上述の、仕送りがなく学費を自分で負担している人にかぎってみると、93％が貸与型の奨学金を受け、そのうちの71％が月8万円以上を借りている。

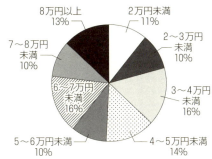

図2-6　アルバイトによる月平均収入

現在アルバイトをしている人は53％、過去に行っていた人をあわせると70％にのぼり、まったくしたことがない人は30％と少数派にとどまっている。上述の、仕送りがなく学費を自分で負担している人のなかでは80％がアルバイトをしている。アルバイトが奨学金と並んで大きな収入源であることがわかる。

最も多い職種（複数選択を含む）は飲食店のホールスタッフとキッチンスタッフ（あわせて31％）、次いで

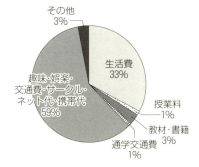

図2-7　アルバイト収入の主な使途

コンビニ店員（15％）とスーパー店員（11％）となっている。家庭教師・塾講師も8％ほど見られる。

時給額は700円台と800円台で83％を占めるが、なかでも北海道最低賃金（764円。平成27年12月時点）ぎりぎりの770円以下が31％にのぼり、比較的安価な労働を提供している（図2-4）。とはいえ、現在の時給額に満足している人は60％に及ぶ。

週平均の労働時間は10～20時間が41％を占め、それを含めて30時間未満が89％となっているが、それ以上働いている人もおり、なかでも40時間以上という人が5％いる（図2-5）。これは正規雇用の労働時間に匹敵し、授業出席や勉学の観点から問題があるといわざるをえない。労働時間についていまくらいで

第Ⅰ部　現在の問題から考えてみましょう

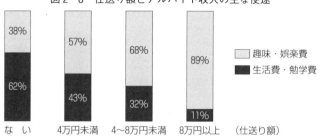

図2-8　仕送り額とアルバイト収入の主な使途

出所：筆者作成

よいという人が73％にのぼっている半面、学業への支障を感じている人が55％（「ときどきある」47％、「よくある」8％）もいることは注意を要する。とくに労働時間が長く収入が多いほど、学業への支障を感じている人が多い（週平均労働時間が20時間未満の人では46％なのに対して、20時間以上の人では70％）。

月平均のアルバイト収入は2万円未満から8万円以上までほぼ均等に分散している（図2-6）。収入の主な使途（1つだけ選択）としては、生活費に充てる人が33％（勉学関係費を含めると38％）いるが、その倍近い59％が趣味・娯楽・交通費・サークル・ネット代・携帯代に充てるとしている（図2-7）。

4割の学生にとってアルバイトは勉学生活を支えるための不可欠の収入源である。とくに学費を自分で負担している人たちや少ない仕送りしか受けられない人たちは当然、アルバイトからの収入を生活費または勉学関係費に充てていることが多い（図2-8）。なかでも、仕送りがなく学費を自分で負担している人にかぎってみると、67％が主に生活費・勉学費を稼ぐために働いている。対して、残り6割の学生にとっては親などによる支援を前提に、それを超えて学生生活をより豊かにするための付加的な収入源と位置づけられているようである。

アルバイトの目的はどうであれ、84％の学生はアルバイトの経験を「役に立っている」と評価し、58％の学生はやりがいを感じている。友人を誘ったことがある学生が48％にのぼることも、アルバイトを肯定的に捉えていることを示唆している。経済的に、また社会経験として、アルバイトは学生の生活を豊か

にしているものと評価することができるだろう。ただし、学業への支障は望ましいことではないし、ましてやそれが仕事上のトラブルによるものであれば、極力排除しなければならない。

4　室蘭工大生の労働問題

　残念ながら、学生はアルバイト先でさまざまな違法な労働行為やトラブルにあっている。

　たとえば、必要な交通費が全額支給されているのは47％にとどまり、逆にまったく支給されていないのが30％にのぼる。それ以前に、労働条件がどのようなかたちでも提示されていないのが6％あった。これらは明らかな法令違反である。

　このように明らかな法令違反もあれば、それほど明らかでないものもある。アルバイトをしている学生に、アルバイト上の典型的なトラブルや不満の事例から本人が経験したものを選んでもらった（複数回答可で回答数は実人数の226％）。「とくにない」が39％で最も多く、少々安心させられるが、裏を返せば残りの61％がなんらかのトラブルを経験しているということである。そのなかでは「人手不足」（32％）が最も多く、以下「仕事についての説明が不十分」（18％）、「急な出勤要請」（17％）、「休憩がとれない・カットされる」（14％）、「定期試験など休みをとりたいときにとらせてもらえない」（12％）、「残業を強いられる」（11％）、「賃金を支払われない労働（サービス残業）がある」（同）、「ケガ・やけどなどを経験」（同）と続く。他にも社会一般にいわれている違法な労働行為がたしかに行われ、学生が被害を受けている。

　学生たちが書き込んでくれた生の声からいくつか紹介しよう（読みやすいよう、一部字句を修正した）。

・報告書を書く時間や移動時間の給与はなかったので、1日に稼げるバイト代を拘束時間で割ると、時給500円程度になる。帰宅できる時間が23時、23時半など遅い時間になってしまうので、勉強に割ける時間も減ってきた。

- アルバイト先の先輩方が，人手が足りないので出勤しなければならないが，「年収の壁」の問題でタイムカードを押さずにタダ働きをしていた。
- 雇用の体系について社員に抗議したところ，一時的に改善されたが，その後，自分への風当たりが強くなった。
- 代わりの人を紹介しないと自分はバイトを辞めさせてもらえない。
- 販売数のノルマの設定，未達成時の自腹購入がいまだに横行している。
- 定期試験期間に7～8時間の仕事を入れられ，満足に勉強させてもらえなかった。1日や2日ではなく，何度も。人手が足りないという理由で。
- 手に油がかかって，大火傷したが，何も出なかった。
- 口頭で10月から大学生の時給が最低800円に上がると告知，その後11月の明細に時給780円に上がったとの通知。1年半勤務して研修生（3か月未満）と同額の時給。明細の時給の項目が空白。従業員の健康管理表に下痢，嘔吐は帰宅させるようにと書いてあるが，前日に健康の印が付いている。体調不良により帰宅させることはない。研修期間を終えると2着目を支給されるはずの制服が支給されない。時給計算は15分ごと，残り2分であがらされる。
- バイトの休み希望を2か月ぐらい前までに言わないと休めないので，学校の急な行事（チューター面談・副専門説明会など）がいきなり入ったとき，その行事に行けず，学校側に呼び出されることがある。休み希望の理由が友達と遊びに行く約束などだと受理されない。週5～6日勤務なので，毎日のようにあるが，時間が短く，増やせないので，全然稼げない。かけもちもダメ。辞めるときは店長に言う前に自分で本社に連絡をとって紙をもらって許可されてから店長に伝えなければならず，辞めにくい。
- 自分のバイトはコンビニの夜勤なのだが，20：45に出勤を押して，終わるのが大体8：15位で，20分位にいつも退勤を押すのだが，給与明細を見ると，21：00～8：00に修正が加えられていて，30分の給料がもらえていない。
- バスがなくなるまで働くのに，送りは無い。悪天候時など徒歩で帰宅。
- 交通費が出勤日数によって払われる。0～9日……0円，10～15日

……1000円？　バス代赤字。
・22時以降の給料の割増がなかった。
・給与明細が渡されない。

5　ブラックバイト防止に向けた取り組み

　ここに紹介したような違法な労働行為をなくすために必要なことは，まず学生自身が自分の身を守る術を身につけることであろう。その第一歩は労働関係法令の知識を身につけることであり，学生自身もこのことを意識しているようである。先のアンケートでは，アルバイトをしている人のうち11％が法令を知らなくて困ったことがあると答えている。自分には労働関係法令の知識がないと答えた学生は46％で，実にアルバイトをしている学生の50％にのぼる。また学生の82％，アルバイトをしている学生の78％が法令に関心を示している。知識を持つことが自信となり，違法な労働行為に対抗する力になるであろう。

　学生の必要と要望に応えようと，2016年１月，筆者らは連合北海道から講師を派遣してもらい，担当する授業のなかで「ワーク・ルール」の特別授業を行った。授業科目は先のアンケートを実施した科目で，対象はアンケートに答えた学生である。特別授業は学生にたいへん好評で，日頃から労働問題を扱っている担当者の話は，教員にとっても学生にとっても想像を超えるものであった。たとえば，就職の際に利用する就職サイトに掲載されているのに実態の不明瞭な会社に，授業の場で電話をしてみせる。実際に被害があって，連合で対処している会社である。学生は就職サイトにあるだけで安心したり，広告だけきれいに整えている会社を安易に信用したりしてしまう。

　また授業中に，アルバイトの求人誌に掲載のある全国チェーンのコンビニエンスストアの札幌オフィスに電話をした。求人広告にあるキャンペーンは，アルバイトへのノルマなのかどうかを質問したのだが，明確な回答は得られなかった。コンビニエンスストアではキャンペーンの際に，客への声掛けをするだけでなく，アルバイトに販売ノルマを課して，ノルマ分を買い取らせるいわゆる「自爆」が横行している。ほかにも，勤務中に壊した商品や備品などへの弁

償は必要ないことなど，生きる術を伝授された。

　この講習で，アルバイトにも労働者としての権利があり，雇用者はアルバイトに対して労働基準を守る義務があることが，多くの学生に伝わったであろう。経営者，雇用者といっても，とくに零細企業や個人事業主では，必ずしも十分な知識を備えているわけではないため，アルバイトに就く学生自身の側が労働者としての意識を持つことが大事である。

　ワーク・ルール教育は，学生たち自身にとって重要であるだけではない。無知ゆえにブラックバイトを当たり前だと思い込んだ学生たちが将来，今度は違法な労働行為をする側に立って後輩たちの権利を侵すことになるかもしれない。そのような事態の予防につながるという意味でも重要である。

　学生の教育と同時に必要なことは，雇用主たちに何が違法な労働行為なのか，何が守るべき労働者の権利なのかをしっかりと認識させ，違法な労働行為をやめさせることである。これは当然，学生アルバイトだけでなく勤労者一般の権利を守るために，社会全体で行うべきことである。違法な労働行為の被害者である学生たちを多く抱える大学など教育機関も，他のセクターとの協力のもと，できることは多いはずである。

6　よりよい学生生活に向けた方策

　アルバイトに関わる話をしてきたが，最後に豊かな学生生活に向けて考えてみたい。

　大学生の貧困問題への対応策としては，アルバイトと並んで大きな収入源である奨学金の問題があるが，これについては第1章で論じたので，ここでは繰り返さない。

　対策として，これまで注目されていなかった現物給付も検討する価値があるであろう。たとえば大学生の貧困化への対応として，大学で朝の食事を提供する試みがある。ワンコイン（100円）で，定食やバイキングで食事がとれるというものである。朝の食事をしっかりとることで，朝型の生活，授業への集中度向上，学力向上，健康管理など多くの効果が見込まれる。

ほかに，近頃少なくなったが，大学が格安の寮を設置することも大切である。収入を増やす方法だけでなく，お金をかけずに衣・食・住を充実させる方法があれば，少ないアルバイトでも生きられる。

18歳から投票権が与えられた。自分たちの置かれた状況を考え，自分たちのために投票して，安心して学べる社会をめざしてほしい。

☞ 発展学習のための案内

〔読んでみよう〕

今野晴貴，2012，『ブラック企業──日本を食いつぶす妖怪』文藝春秋．
大内裕和・今野晴貴，2015，『ブラックバイト』堀之内出版．
ブラック企業対策プロジェクト　http://bktp.org/
川村ゼミナール，2015，『北海学園大学学生アルバイト白書2015』．
川村雅則研究室，2015，『北海学園大学学生アルバイト白書（心構え編）』　http://www.econ.hokkai-s-u.ac.jp/~masanori/15.10labour
室蘭工業大学，2014，「第7回室蘭工業大学学生生活実態調査報告書」http://www.muroran-it.ac.jp/gakusei/jittai/26.pdf

【亀田正人・永井真也】

第3章　室蘭と安保法制：平和的生存権のゆくえ

1　2004年2月の室蘭港での出来事

　2004年2月18日，巨大な自衛艦が室蘭港に入港した。翌19日の『北海道新聞』（朝刊）は，「静寂の中　巨体出現」という見出しを付け，入港に抗議するために港周辺に集まった市民団体や政党，労働組合等による反応を伝えた。輸送艦おおすみが祝津ふ頭に近づいてくると，その巨艦ぶりを目にしたこれらの人々の間から驚きの声があがったという。この声には「ついにこのときがやってきた」というある種の〈慄き〉も含まれていただろう。

　自衛艦が室蘭港を利用するのはこれが初めてのことではない。それまでに何度も寄港している。では，なぜ人々はこのとき港で大規模抗議行動を展開し，〈驚き〉や〈慄き〉を感じたのであろうか。それは，2003年3月20日に始まった米英軍によるイラクへの武力攻撃（以下「イラク戦争」という）およびその後の占領統治と大きな関係があったからである。入港から2日後の20日，2艘の自衛艦（輸送艦おおすみ，護衛艦むらさめ）は，中東のクウェートに向けて出港した（写3-1）。

　それから11年7か月後の2015年9月19日，日本の国会では集団的自衛権の名の下での海外での武力行使や米軍その他外国軍に対する後方支援活動の拡大を可能とする一連の安全保障関連法（以下「安保法制」という）[1]が可決成立した。室蘭では，安保法制に反対する抗議行動が法案の段階から可決に至るまで，また

---

1) 安保法制とは，自衛隊法，周辺事態法（重要影響事態法へと変更），武力攻撃事態法（武力攻撃・存立危機事態法へと変更）等の既存の法律（10本）の改定法，および外国軍への後方支援活動を定める新法としての国際平和支援法から構成される一連の関連法のことを指す。

それ以降も繰り返し行われてきた。抗議行動の参加者の多くは，2004年2月の出来事を経験している。その記憶ゆえに，これらの人々にとって安保法制の可決は，室蘭港が海外での武力行使のための出発港として利用される可能性を意味するものであり，とうてい受け入れることができないものであった。

写3-1　室蘭港

出所：筆者撮影

2　イラク戦争・占領統治と室蘭

■ イラク戦争と自衛隊の中東派遣

　2001年9月11日に米国で起きた同時多発攻撃以降，米国を中心に世界規模の「対テロ」戦争が始まった。最初の武力攻撃の対象となったのがアフガニスタン[2]であり，次の対象となったのがイラクであった。2002年，米国はイラク，イラン，北朝鮮を「悪の枢軸」として非難し，サッダーム・フセイン大統領（当時）支配下のイラクが大量破壊兵器を有していると主張した。イラク側は国連による大量破壊兵器にかかる査察を受け入れたが，それらに該当するものはなんら見つからなかった。それでもなお，米国はそれらをイラクが隠し持っていると主張し，英国と共に武力攻撃（空爆と地上戦）を強行した。米国は攻撃を正当化するために国連憲章51条にもとづく自衛権を持ち出した。しかし，自衛権行使の要件を満たす事実，すなわち米国に対するイラクによる武力攻撃が発生していない以上（藤田 2003：303），同攻撃は国連憲章2条4項の「武力行使禁止原則」に違反する一方的な攻撃であるという批判が世界中で沸き起こった。[3]

2）　米国はアル・カーイダが2001年9月11日の同時多発攻撃の犯人であり，アフガニスタンのターリバーン政権（当時）がアル・カーイダをかくまっていると断定することで，対アフガニスタン攻撃を同盟国の英国等と共に開始した。その結果，多数のアフガン人が死傷し，また戦火を逃れるために隣国のパキスタン等に避難せざるをえなくなった。

29

第Ⅰ部　現在の問題から考えてみましょう

　イラク戦争は，2003年5月1日のジョージ・W・ブッシュ米大統領（当時）による「戦闘終結」宣言をもってかたちのうえでは終結し，次なる段階として連合国暫定当局による占領統治（実質的には米国による占領）が始まった。直接的な占領統治は，2004年6月末にイラク暫定政権へ主権が移譲されるまで続き，同時に多国籍軍も治安維持や復興支援等の名目で同国に駐留した。イラクにおける多国籍軍の駐留は，2011年12月中旬になされた米軍の撤退により終了した。[4]

　日本は，時限立法であるイラク人道復興支援特別措置法（2003年7月制定の時限立法。2009年8月失効）の下で陸上自衛隊および航空自衛隊をイラクやその隣国クウェートへ派遣した。また，陸上自衛隊がイラクで使用する車両等を搬送するために，海上自衛隊の自衛艦がクウェートに派遣された。その際に室蘭港が利用されたのである。陸上自衛隊はイラク駐留時，ムサンナー県（とくにサマーワ）で給水作業，医療支援，公共施設の整備等の活動に従事していた。航空自衛隊はクウェートを拠点としながら，武装した米兵等の多国籍軍兵士，日本や他国および国連機関等からの人道支援物資・事務関連物資等をイラクへ輸送する活動に従事した。[5]

■ イラク戦争・占領への加担という視座

　「復興支援」という言葉だけを耳にすると，室蘭港で行われた上述の抗議行動の理由を見出しにくいかもしれない。しかし，抗議行動に参加した人々にとってみれば，①復興支援自体が国際法上の違法性が指摘されているイラク戦争に続く占領下で行われている，②多数のイラク人の死傷者を出した武力攻撃を行

---

3) 米国は自衛権の行使を主張するに当たり，先制的自衛と主張したが，国際法上，そのような考え方は認められない。

4) 2014年8月，米国は対イスラーム国（いわゆる「IS」）掃討作戦を実施するために再び軍隊をイラクに派遣し，空爆等を行っている。

5) 陸上自衛隊は2006年7月，航空自衛隊は2009年2月までにイラクやクウェートから撤退した。なお，「自衛隊のイラク派兵差止等請求控訴事件」で名古屋高等裁判所は，イラクにおける航空自衛隊による武装多国籍軍兵士の空輸活動が日本国憲法9条1項（戦争・武力による威嚇・武力行使の放棄）に違反するとの判断を示した（2008年4月17日判決・同5月2日確定，『判例時報』2056号74頁，『判例タイムズ』1313号137頁）。

った側の米国が実質的にその占領政策を担っている，という理由から，復興支援という名の下での自衛隊派遣は，イラク戦争や外国による占領に加担する行為に映るものであった。「自衛隊をイラクへ送るな！室蘭市民集会実行委」の代表を務めた増岡敏三（憲法を守る室蘭地域ネット代表）による，「いまだに戦争状態にあるイラクに米軍の肩を持つ形で自衛隊を送ったことで，実質的に日本は交戦状態に入ったと言えるのではないか。（中略）今回の室蘭港への自衛艦入港を認めれば，戦争に加担することになる」（『北海道新聞』2014年2月20日朝刊）とする指摘は，まさにそのことを如実に語っているといえよう。

　日本が海外で復興支援を行う場合，自衛隊がその任務を担う必然性はない。むしろ，専門的知識を有する民間人に委託するほうがより大きな効果を期待できる可能性も高い。また，イラクのように一方的かつ過酷な軍事攻撃を受けることで人命に多大な被害が生じた場合，その地の人々の目には駐留する多国籍軍が〈侵略者〉に見えたとしてもなんら不思議はない。現に2003年5月1日の「戦闘終結」宣言以降もイラクでは，米軍等が「テロ掃討作戦」の名の下で軍事作戦を各地で行っていた。とりわけ2004年4月および11月の米軍によるファルージャ（アンバール県）に対する作戦では，同軍が市を包囲したうえで無差別攻撃をかけたこともあり，住民のなかから多数の死傷者を出し，また大規模な家屋破壊が行われる等，甚大な被害が生じた。そのような状況がリアルに起きている以上，現地に駐留する自衛隊に反感が持たれる可能性は大いにあったのである。

　かくして，室蘭市は海上自衛隊に入港許可を出すことで[6]，イラク戦争後の占領政策との直接的な接点を有する出発地の1つとなった。これは同時に，後述する室蘭の平和運動にとって，後々にまで影響を与える大きなトラウマを生みだすものとなった。

---

[6] 2003年12月15日に，室蘭市議会は「イラクへの自衛隊派遣中止を求める決議」を採択している。しかし，新宮正志市長（当時）は2004年2月10日，国会により承認された派遣であること，復興目的であること，室蘭港の安全や荷役に支障がないことを理由に入港を許可した（『北海道新聞』2004年2月11日朝刊）。

第Ⅰ部　現在の問題から考えてみましょう

3　室蘭港と戦争

　「鉄の町」として知られる室蘭市は，新日鐵住金（旧新日本製鐵。2012年に住友金属工業と合併）や日本製鋼所のような日本の工業化を支える大規模の鉄鋼産業の工場等が港一体に設置・運用されることで発展してきた。また，石油関連企業であるJX日鉱日石エネルギー等の鉄鋼産業以外の工場もあり，港周辺では大型輸送船が白鳥大橋の下を通りながら入港する姿を頻繁に目にする。大型の工場群やそこからもくもくと排出される煙のみならず，町の各所にこれらの企業の従業員住宅が点在する典型的な企業城下町である。1954年に日本製鋼所が1,000人近い労働者の指名解雇を発表したことを契機に始まった日鋼室蘭闘争は，戦後最大の労働争議として日本の労働闘争史上にその名を刻んでいる。

　一方，1872年に天然の深い良港として開港された港を利用しながら進められてきた室蘭の工業化は，戦争の継続に必須とされる軍需産業と密接な関係を有してきた。それは，1890年2月に第5海軍鎮守府の設置が計画され（後に取りやめ），1893年5月に室蘭港が第5海軍区の軍港として指定されることから始まった（室蘭市史編集室 1977：270）。軍港指定は住民による反対運動や輸出港化を希望する企業関係者による働きかけの結果，1903年に解除された（同上271頁）。しかし，日露戦争下で第7師団の出発港として利用されたことや，1907年に日本と英国の企業により兵器作りを目的とする合弁企業の日本製鋼所が設立されたことなどからもわかるように，室蘭は日本の軍国主義の拡張を支える主要な軍需都市の1つとしての機能を果たしてきたのである（同上272頁，および日本製鋼所HP）。

　アジア・太平洋戦争時代の日本では，東条内閣による閣議決定（「華人労務者内地移入ニ関スル件」1942年11月27日）にもとづき，1943年から1945年にかけて約4万人の中国人が日本各地の工場や港湾等の事業所（全国135か所）に強制連行され，過酷な労働と劣悪な食住環境ゆえに約7,000人もの命が奪われた（上野 2009：9，12）。とりわけ，他地域に比べると連行数が非常に多かった室蘭では，約1,800人が3社運用の5事業所で働かされ，うち564人が死亡（死亡率30.3％）

している（同上9-12頁）（写3-2）。

写3-2　中国人殉難烈士慰霊碑

このように多数の中国人が強制労働に従事させられている最中の1945年7月15日，前日の空爆に続き，室蘭を標的とする艦砲射撃が米軍により行われた。ポツダム宣言受託の約1か月前のことであった。海から十数艦で構成される米艦隊が加える激しい射撃により，逃げ惑う人々は次々と犠牲となった。そのときの様子を当時の住民の1人が「室蘭港，工場地帯および室蘭市街地は濃い煙幕で覆われて，何処に着弾している

出所：筆者撮影

のかははっきり分からなかった。しかし，街全体と工場地帯は全滅しているような黒煙・白煙・赤煙の中にあった」（金川 2014：19-20）と証言している。艦砲射撃による被害者数（死傷者，行方不明者）は560人を超える（室蘭市史編集室 1977：407）。これは，北海道に対して行われた米軍の攻撃による被害の内，最大のものであった。

室蘭が標的とされたのは，軍需都市ゆえであった。軍国主義への加担が結果的にこのような被害を生んだのである。加害ゆえの被害。これこそが，戦争への関わりから得た学びであった。それを二度と繰り返さない，とする戦後の室蘭の平和運動関係者の確固たる思いは，冒頭に述べた2004年2月の出来事によって見事に打ち砕かれることになった。さらには，2007年10月26日になされた米艦（空母キティホークと護衛艦フィッツジェラルド）の室蘭港への寄港もまた，加害と被害を共に否定することで成り立つ平和を求める平和運動関係者にとって，看過できない出来事となった。なぜなら，キティホークは，2001年の対ア

---

7) 1954年10月，日鋼室蘭闘争に参加していた労働者を中心に，イタンキ浜に埋められていた強制連行犠牲者の遺骨の発掘作業が行われ，125体分が見つかった（広田 2001：479-507）。

フガニスタン軍事攻撃やイラク戦争等で用いられてきたからである。それゆえに，その寄港を認める行為はこれらの攻撃を肯定する側，すなわち加害者側に立つことを意味すると考えた平和運動関係者は，抗議せずにはいられなかったのである。

　室蘭の平和運動によるイラク戦争とその後の占領に対する強いこだわりは，それから12年以上経過した現在においても関係者の間で受け継がれ，次に紹介する自衛隊関連施設誘致問題に取り組む際の原動力の１つとなり続けている。

4　室蘭の人口減問題と自衛隊関連施設誘致

■ 人口減問題

　室蘭市は，高度経済成長期中盤の1960年代後半には18万を超す人口を有する都市であったが，1970年以降は徐々に下降傾向を見せ始め，2015年には９万を切るほどにまで減少した（室蘭市 2016：12）。2016年５月末の総人口は，約87,900人である（室蘭市住民基本台帳人口統計資料）。抜本的な防止策がとられないかぎり，今後も人口減は免れない状況にある。このような人口減は，日本全体で進む少子高齢化に加え，日本経済の停滞と共に進む企業内の合理化，およびそれにともなう地域産業や経済の後退によってもたらされている。

　室蘭のような典型的な企業城下町の経済は，その地域の中心的企業の財政状況に左右されるため，他に生き残りのための術を独自に開発・確保しないかぎり，地域経済を改善することは容易ではない。大企業に頼ってきた室蘭市や地元の経済界にとっては人口減を食い止めるためにも地域の活性化を図り，経済状況を打開することが死活問題となっている。港と共に発展してきた室蘭の歴史にかんがみるならば，商業的に港の利用率を上昇させることが最初に思いつく手段の１つではあるが，実際には地理的に近い苫小牧港に押され，室蘭港の利用は減っている。そこで再び浮上したのが，2013年以降の自衛隊関連施設の誘致である。「再び」というのは，過去にも海上自衛隊の基地誘致を求める動きが行われているからである（『北海道新聞』2004年１月30日朝刊）。

■ 自衛隊関連施設誘致に向けた動き

　2014年5月17日，室蘭市議会は「室蘭港の防災拠点港の拡充を図る自衛隊の輸送関連施設の誘致を求める決議」（以下「自衛隊関連施設誘致決議」という）を賛成多数で採択した。決議のなかでは，①有珠山噴火時に自衛隊が室蘭港からの海上輸送を行い，被災者用の救援物資の搬入や避難者の移送を行った経緯がある，②室蘭港は津波や地震被害を受ける可能性が低い立地条件にある，③2011年の東日本大震災時に救援物資の搬送用に室蘭港が利用された，④2013年12月に陸上自衛隊第7師団第71戦車連と北海道の西胆振地域の各自治体（室蘭市を含む）との間で「災害時の連携に係る協定書」が締結されている，等にもとづき，自衛隊と連携を図りながら，室蘭港を防災拠点港として拡充することがうたわれている。また，防災拠点港となることで，国民の安心・安全に寄与していくことが述べられている。

　自衛隊関連施設誘致決議の採択に先立ち，2013年4月25日に室蘭の経済界主導で防災拠点港化をめざす「室蘭地域自衛隊施設等誘致期成会」が結成された。上述したように，経済の低迷から脱するために自衛艦や米艦の寄港を要請し，港の利用率を上昇させることで経済効果をもたらすためである。同会は，決議採択前の2015年5月7日にも，室蘭市に対し誘致活動への協力を依頼する「災害に強いまちづくりに向けた自衛隊関連施設の誘致に関する要望書」を提出する（『【記者会見記録】平成25年5月31日開催』）など，誘致の実現に向けて活発な活動を展開してきた。決議採択は，その意味では同会の活動を見事に汲むものとなった。市議会議員のなかには，当初は誘致に慎重な姿勢を見せる者もいたと

8）かつては室蘭と東北や北陸等の港の間で往復フェリーが運航されていたが，徐々に廃止され，2008年11月末の青森航路の廃止により終了した。しかし，2016年3月，室蘭・宮古（岩手県）間のフェリー航路の就航が決定され（2018年6月から運航開始），また，2016年7月から期間限定で室蘭－森町（北海道渡島管内）を結ぶ観光用のフェリー航路が就航することになった。

　なお，室蘭港には，使用済みの核燃料の輸送を担ってきた「開栄丸」（日本原子力研究開発機構建造）が長期に渡って停泊中である。維持費として税金から人件費等の莫大な経費（年間約12億円，2007年度以降は約6億円）が支払われてきた。2015年にメディアが維持費について報じたため，税金の無駄遣いとして問題視されるようになった。

いうが，防災が前面に打ち出され，かつ地元に経済効果を生む可能性があるとなると，正面切っての反対は難しいこともあり，事前協議による修正を重ねることで賛成派が形成されていった（『室蘭民報』2014年5月18日朝刊）。

また室蘭市は，自衛隊関連施設誘致決議採択前から，誘致の実現に向けて予算の獲得に向けて動き出していた。たとえば，2015年度の予算編成のために国と道に対して出された要望書内の最重点事項のなかに誘致促進が盛り込まれていたことがそれを物語っている（『北海道新聞』2014年5月8日朝刊）。さらには，同決議採択後の同年5月31日に行われた市長による記者会見において，青山剛（たけし）市長は室蘭地域自衛隊施設等誘致期成会の活動に協力することを表明している（『【記者会見記録】平成25年5月31日開催』）。

このように自衛隊関連施設の誘致活動は官民共同で進められてきた。しかし，それは同時に商業港でありながらも，これまでも自衛艦や米艦の寄港を受け入れてきた室蘭港が[9]，さらなる実質的〈再軍港化〉に向けた道を大きく踏み出すものでもあった。

5 安保法制と室蘭

■ 2014年7月1日の閣議決定：集団的自衛権の行使容認への道

2014年7月1日，安倍政権は日本国憲法（以下「憲法」という）の下で，集団的自衛権の行使を限定容認する閣議決定（「国の存立を全うし，国民を守るための切れ目のない安全保障法制の整備について」。以下「閣議決定」という）を行った。集団的自衛権とは，自国は直接的な武力攻撃を受けていないものの，他国が武力攻撃[10]

---

9) 2016年5月11日，室蘭市，室蘭商工会議所，室蘭地域自衛隊施設等誘致期成会の3者は，海上自衛隊大湊地方隊にて自衛艦による室蘭入港を求める3回目の要請を行った（『北海道新聞』2016年5月12日朝刊）。2005年以降，自衛艦の年間入港件数は1桁台へと減少しており，自衛隊関連施設誘致決議採択以後も増加していない（同上）。要請行動から，誘致活動を進めてきた3者の焦りが見られる。
10) 閣議決定では「我が国と密接な関係にある他国」（内閣官房 2014：7）と表現している。閣議決定の内容上，それがとりわけ米国を意味していることが明らかである。

を受けた際に，その国と共に攻撃国に反撃する行為を指す。自衛権という言葉が用いられているが，その内実は他国の防衛であるため，「他衛権」と表現すべきものであろう。

閣議決定では，平和的生存権（憲法前文），および生命・自由・幸福追求に対する国民の権利（同13条）を根拠として，戦争・武力による威嚇・武力行使の放棄（同9条）と自衛の関係について「我が国が自国の平和と安全を維持し，その存立を全うするために必要な自衛の措置を採ることを禁じているとは到底解されない」（内閣官房 2014：6）との見解が示された。ここまでは，1954年の自衛隊創設以降の歴代政権による政府見解と同じである。しかし，この後，閣議決定は日本を取り巻く安全保障環境に変化が見られることを理由に，「他国に対して発生する武力攻撃であったとしても，その目的，規模，態様等によっては，我が国の存立を脅かすことも現実に起こり得る」（同上7頁）と説明し，それへの対応として，日本が自衛権を発動する際の新要件を次のように示した。

「我が国に対する武力攻撃が発生した場合のみならず，我が国と密接な関係にある他国に対する武力攻撃が発生し，これにより我が国の存立が脅かされ，国民の生命，自由及び幸福追求の権利が根底から覆される明白な危険がある場合において，これを排除し，我が国の存立を全うし，国民を守るために他に適当な手段がないときに，必要最小限度の実力を行使することは，従来の政府見解の基本的な論理に基づく自衛のための措置として，憲法上許容されると考えるべきである」（同上）。

新要件は明らかに集団的自衛権の行使を限定容認するものであり，これは歴代政権による政府見解である，憲法上その行使は認められないとする立場を変えるものであった[11]。新見解にもとづいた立法がなされると，日本は集団的自衛権の名の下で海外での武力行使が可能となる。これは，憲法の三大原則の1つ

---

11) たとえば，1954年6月3日の衆議院外務委員会による下田武三外務省条約局長（当時）の答弁。

である平和主義を明確に否定するものであり、1947年5月3日の日本国憲法施行以後の日本社会が、最大規模の歴史的転換点に立たされたことを意味するものであった。

■ 自衛隊関連施設誘致活動の変容

　閣議決定の約2週間前の6月14日、室蘭地域自衛隊施設等誘致期成会は活動報告会を開き、その場に佐藤正久参議院議員を講演者として招いた。自衛隊出身の国会議員である佐藤は、イラクへの自衛隊派遣時に先遣隊長・復興業務支援初代隊長を務めたことで、その名を知られるようになった人物である。佐藤は、講演時に「日本国内が攻撃されていないからといって、自衛隊は何も守らなくていいのか。自衛隊を用いて日本国民を守るのが安倍晋三首相の思いだ」と述べたと報じられている（『室蘭民報』2014年6月15日朝刊）。

　室蘭市や室蘭地域自衛隊施設等誘致期成会は、自衛隊関連施設の誘致目的を防災拠点港化と経済活性化であると主張してきた。しかし、閣議決定の間近というタイミングで、集団的自衛権の行使容認を強く求めてきた国会議員を講演者として招聘する行為は、今後の誘致活動が当初の〈目的〉からは大きく離れて進んでいくことを自ら容認するようなものであった。すでにこの段階でその目的は、国家による安全保障政策に見事に取り込まれていたといっても過言ではない。このような流れを通して、室蘭の平和運動関係者のなかでは、2004年2月の出来事の再来という懸念が再び浮上してくるのである。すなわち、海外へ派遣される自衛隊の出発港として室蘭港が再び利用されるかもしれないという現実問題である。しかも、今度は〈復興支援活動〉への派遣だけではない。海外での武力行使、拡大された他国軍への後方支援活動（弾薬の提供、外国軍への武器の輸送、他国軍兵士の捜査救助活動等を含む）、改定PKO協力法の下で認められた派遣先での治安維持活動（武器の使用可）等を目的とする派遣の出発港となる可能性が高いという点にかんがみると、これは室蘭と海外での武力行使または外国軍の武力行使への協力がより身近になることを意味する。

　2015年5月15日、閣議決定の内容にもとづいて起草された安保関連法案が国会に上程され、全国各地から寄せられた廃案を求める多数の声をかき消しなが

ら，同年9月19日未明に可決された。その後，安保法制は2016年3月29日に施行され，現在に至っている。

6 平和的生存権と室蘭の将来

　本章では，大日本帝国時代の戦争，2004年2月の中東への自衛隊派遣，2014年以降の安保法制の構築といった国策に着目しながら，人口減少と経済低迷に苦しむ室蘭市やその住民が，これらの一連の出来事によって平和運動と自衛隊関連施設誘致活動という志向的には真っ向から対立するかたちで動かされてきた様を描いてきた。これらの動きを分析する際に重要なキーワードとなるのが，閣議決定でも言及された憲法上の平和的生存権であろう。
　憲法は「全世界の国民が，ひとしく恐怖と欠乏から免かれ，平和のうちに生存する権利を有することを確認」（前文第2段落目）している。ここで特筆すべきことは，全世界の国民を対象として，平和のうちに生きる権利，すなわち平和的生存権を認めているという点である。では，室蘭の文脈から考えると，平和的生存権とはいかなる解釈をしうるものなのであろうか。ここでは，憲法学界でその研究者として最も知られてきた深瀬忠一による以下の定義に依拠しながら考察してみたい。

　「戦争と軍備および戦争準備によって破壊されたり侵害ないし抑制されることなく，恐怖と欠乏を免かれて平和のうちに生存し，またそのように平和な国と世界をつくり出してゆくことのできる核時代の自然権的本質をもつ基本的人権であり，憲法前文，とくに第9条および第13条，また第3章諸条項が複合して保障している憲法上の基本的人権の総体である」（深瀬 1987：227）。

　深瀬の定義の特徴は，①平和的生存権を破壊・侵害・抑制するもののなかに戦争や軍備に加えて戦争準備が含まれるとしたうえで，これらを含む恐怖や欠乏から免れた生活を保持する権利，およびそのような社会を作り出すことを志向する未来に向けた権利としたこと，②前文や9条のみならず，第3章で規定

されたさまざまな人権条項から構成される〈基本的人権〉として位置づけたことにある。この定義に従うならば，本章の冒頭で紹介した室蘭の平和運動関係者による自衛隊の中東派遣に対する抗議行動は，平和的生存権を侵害する戦争への挑戦であり，また安保法制に反対する抗議行動は同じく平和的生存権を侵害する戦争準備に対する挑戦であるが，それは同時に自ら，および共に生きる他者の基本的人権をかけた闘いであると言い換えることができよう。

安保法制にもとづいて室蘭港が利用されるようになると，先に述べたように室蘭港は商業港と実質的な軍港としての2つの性質を持つ港として確立されていくことになる。そうなると，特定秘密保護法（2013年12月制定。2014年12月施行）の下で，室蘭港に関する諸々の情報は次々と安全保障上の特定秘密として指定される可能性がある一方，住民はその実態を具体的に知ることができない状況に置かれる。何が秘密であるのかわからない以上，人々の間には猜疑心と不安がつきまとう。このような状況もまた1つの恐怖を構成し，平和的生存権を侵害するものとなる。また，室蘭港が武力行使等の目的で出動する自衛隊の出発港として用いられるならば，周辺地域を含む室蘭全体が反撃の対象にもなりうる。その結果，住民の生命が著しく危険な状況にさらされることにもなりかねない。

このように，港を有する室蘭やその周辺地域の住民の平和的生存権は，安保法制の履行がさまざまなレベルで進めば進むほど脅かされる可能性が高まるのである。国策に振りまわされずに，平和的生存権にもとづくまちづくり・地域活性化への道を模索すること。これこそが恐怖と欠乏から免かれた生活を確保するために求められることなのではないだろうか。

☞ 発展学習のための案内

〔観てみよう〕
　ドキュメンタリー映画『ファッルージャからの証言』（2005年，イラク，32分，日本語字幕付，アル＝キターフ芸術プロダクション制作，『ファッルージャからの証言』日本語版制作委員会）：　2004年11月に米軍が実施したファッルージャでの軍事

作戦による大規模被害をイラク人等が証言する貴重なフィルム。

〔行ってみよう〕

「中国人殉難烈士慰霊碑」（室蘭市東町の汐見トンネル入口横にあるイタンキ浜沿いの丘）： 戦時中に強制連行された室蘭で過酷な状況により命を奪われた中国人犠牲者を追悼するために，1972年（日中国交正常化の年）に建立された．

〔引用・参考文献〕

飯島滋明・清末愛砂・榎澤幸広・佐伯奈津子編著，2016，『安保法制を語る！自衛隊員・NGOからの発言』現代人文社．

上野志郎，2009，『「事業場報告」が記録した中国人強制連行』（制作協力：北海道新聞社出版局）．

金川弘司，2014，「十歳の眼で見た戦争の狂喜」北広島九条の会編『バトンタッチ──市民が語る戦争体験6』北広島九条の会，16-25．

清末愛砂，2015，「〈戦争前夜〉から〈解放前夜〉への道を求めて──被害者にも加害者にもならないために」『現代思想』43（12）：42-52．

戦争をさせない1000人委員会編，2015，『すぐにわかる戦争法＝安保法制ってなに？』七つ森書館．

内閣官房，2014，「国の存立を全うし，国民を守るための切れ目のない安全保障法制の整備について」 http://www.cas.go.jp/jp/gaiyou/jimu/pdf/anpohosei.pdf

日本製鋼所「日本製鋼所の歴史」 http://www.jsw.co.jp/special/history/index.html

広田義治，2001，『日鋼労働者と主婦の青春──1954年日鋼室蘭闘争の記録（上巻）』光陽出版社．

深瀬忠一，1987，『戦争放棄と平和的生存権』岩波書店．

藤田久一，2003，『新版 国際人道法 再増補』有信堂．

防衛省・自衛隊，1987，「イラクにおける人道復興支援活動及び安全確保支援活動の実施に関する特別措置法に基づく対応措置の結果」

室蘭市史編集室，1977，『室蘭のうつりかわり』室蘭市．

室蘭市「室蘭市統計書平成26年度版」 http://www.city.muroran.lg.jp/main/org1200/documents/h26_full.pdf

室蘭市「【記者会見記録】平成25年5月31日開催」 http://www.city.muroran.lg.jp/main/org1400/kaiken_h250531.html

室蘭市「室蘭市住民基本台帳人口統計資料」 http://www.city.muroran.lg.jp/main/org3600/toukei_mokuji.html

【清末愛砂】

【コラム①】　安全保障関連法案への政治的抵抗の様相

　2015年5月25日に集団的自衛権の行使や後方支援の拡大を可能とする一連の安全保障関連法案（戦争法案）が国会上程されて以降，全国各地で同法案の廃案を求める運動が大きく盛り上がった。北海道内でも札幌のみならず，各地域で多数の市民による抗議行動が繰り返し展開された。とりわけ，8月30日は同法案に反対する全国一斉総がかり行動「戦争法案廃案！安倍政権退陣！8・30国会10万人・全国100万人大行動」（戦争させない・9条壊すな！総がかり行動実行委員会主催）が呼びかけられたため，それに呼応するかたちで道内でも8月29日と30日の両日にかけて関連行動が行われた。この日は，約12万人が国会周辺を取り囲んだといわれている（主催者発表）。

　2015年の安全保障関連法案に抗する全国的な反対運動は，「60年安保闘争」（1960年の「新日米安全保障条約」の締結に抗して行われた反対運動）以来の大規模な抗議行動となった。2015年闘争は，①幅広い年齢層からの参加者があった，②所属や党派，思想的な違いを超えて，安全保障関連法案に反対するという一点での共闘が展開された，③憲法学者の多数が「立憲主義の破壊・崩壊」に対する危機感を表明し，それが広く市民の間で共有された，等の特徴が見られた。

　安全保障関連法は，同年9月19日未明に強行可決されるかたちで成立したが，現在でも同法の無条件廃止を求める活動が北海道を含む全国各地で続いている。紙幅の関係上，2015年中に北海道で行われた関連抗議行動のすべてを紹介することができないため，このコラムでは上述の全国一斉総がかり行動時の北海道の動き，および北海道内の大学・研究会有志による声明を記録として残す（表①-1，表①-2）。

【コラム①】　安全保障関連法案への政治的抵抗の様相

表①-1　北海道内の一斉行動の様相（2015年8月29日・30日）

2015年8月29日（土）			
地名	タイトル	時間	場所
江別	戦争法案廃止！安倍政権退陣！国会10万人　江別大行動	14：00～集会 14：45～デモ	かわなか公園
小樽	戦争法反対市民集会	18：00～	小樽市経済センター
北広島	止めよう戦争法案パレード	14：00～	広葉交流戦センター
北見	サタデーアクション	13：00～	北見駅前広場
釧路・三原	ストップ！戦争法案　三原集会	15：00～	はんのき公園
札幌中央区	戦争させない　北海道集会＆デモ	13：00～集会 13：45～パレード	大通公園
函館	全国100万人戦争法反対函館行動	13：00～	五稜郭電停前
奈井江	日本を「海外で戦争する国」へと作り変える戦争法案反対のパレード	13：00～	奈井江町役場
2015年8月30日（日）			
地名	タイトル	時間	場所
赤平	国会100万人行動　赤平集会	13：30～	赤平交流センター
網走	全国100万人大行動　デモ	14：00～	BASIC 駒場店前
旭川	戦争法案廃案！旭川大集会	14：00～	旭川役所前広場
芦別	戦争法案廃案！安倍政権退陣！全国100万人行動 IN 芦別	14：00～15：00	道の駅スタープラザ芦別
岩見沢	トークリレー	14：00～	岩見沢駅前
江別	戦争法案廃案！大麻宣伝	16：00～	大麻駅
小樽	戦争イヤだ！小樽町中パレード	14：00～	小樽中央公園
帯広	戦争させない8・30十勝集会	13：00～集会 13：30～デモ	帯広市中央公園
釧路	戦争法案廃案！安倍政権退陣！	15：00～	釧路駅前
釧路	FB 憲法9条の会	14：00～15：00	釧路駅前交番前方
札幌厚別区	ふれあい祭り　戦争法案 NO！憲法まもれ！	10：30～14：30	ふれあい広場あつべつ
札幌北区	戦争法案廃案集会リレートーク	16：00～	麻生ダイエー前
札幌清田区	清田区リレートーク	13：30～14：30	西友清田店前
札幌中央区	8・30全国100万人行動 in 北海道　強行採決に抗議する緊急行動	18：00～19：00	大通り西3丁目
札幌中央区	「戦争法案阻止」全国一斉行動　連帯　街宣・署名活動	14：00～15：00	三越前
札幌中央区	みんなでリレートーク＆全国一斉コール　このままでいいのか！安保法制・マイナンバー・安倍談話・原発再稼働	15：00～集会 15：55～コール	紀伊國屋書店札幌本店前
札幌手稲区	戦争法案廃案！安倍政権退陣！全国100万人大行動（手稲革新懇主催）	14：00～14：30	手稲駅北口
札幌手稲区	戦争法案ノー　全国100万人大行動（手稲新婦人主催）	15：00～	手稲駅北口広場
札幌東区	戦争法案廃案！安倍政権退陣！全国100万人大行動　東区集会	13：00～集会 14：00～パレード	さくら公園
札幌南区	戦争法案廃案！安倍政権退陣！全国100万人大行動　南区集会	14：00～	緑町公園
白老	全国100万人行動　街宣アピール	14：15～15：00	スーパーくまがい前
砂川	止めよう戦争法案！砂川集会	14：30～	砂川市地域交流センター

第Ⅰ部　現在の問題から考えてみましょう

滝　川	総がかり団地宣伝行動	11：00～	泉町団地，啓南団地 他
千　歳	集会とピースウォーク	13：30～	グリーンベルトお祭り広場
苫小牧	戦争法案反対苫小牧集会（集会＆デモ）	14：00～	苫小牧市役所前
ニセコ	8・30国会10万人　全国100万人大行動 in Niseko　戦争法案廃案に！！ニセコ町民大行動	13：00～	ニセコ郵便局前
深　川	戦争法案反対！！リレートーク＆アピール IN 深川	10：00～	スーパーふじ深川店前
幕　別	幕別集会	10：00～	木下歯科医院北口
室　蘭	8・30西いぶり大集会＆パレード	16：00～	中島アイランド
芽　室	ピースアクション in 芽室	13：00～	芽室駅前
夕　張	安倍政権退陣！8・30夕張集会	15：00～集会 16：00～デモ	はまなす会館駐車場
余　市	集会＆パレード	14：00～	余市睦公園
稚　内	8・30稚内行動	15：30～集会 16：00～17：00パレード	稚内市・文化センター

出所：筆者作成

表①-2　北海道内の大学や研究会有志による声明

日　付	団体名	声明タイトル
2015年7月	安全保障関連法案に反対する札幌学院大学教職員有志の会	安全保障関連法案の撤回を求める声明
2015年8月	安全保障法制に反対する北星学園教職員有志	安全保障法制に反対する北星学園教職員有志のアピール
2015年8月	安保法制に反対する北海道教育大学有志の会	安保法制に反対する北海道教育大学有志の会・声明
2015年8月	安全保障関連法案に反対する北海道大学有志の会	安全保障関連法案の廃案を求めます
2015年8月	安保法案に反対する北海学園大学教員有志	安全保障関連法案の撤回を求めます
2015年8月	安全保障関連法案の即時廃案を強く求める室蘭工業大学教職員有志	安全保障関連法案の即時廃案を強く求める室蘭工業大学教職員有志のアピール
2015年8月	安全保障関連法案に反対する酪農学園有志の会	安全保障関連法案に反対します
2015年9月	安全保障関連法案に反対する名寄市立大学・名寄市立大学短期大学部教職員・学生有志	名寄市立大学・名寄市立大学短期大学部教職員・学生有志による声明
2014年9月	集団的自衛権の行使を容認する閣議決定に反対する―戦争をさせない，若者を再び戦場に送らないために―北海道の大学・高専関係者有志アピール運動をすすめる会	集団的自衛権の行使を容認する閣議決定に反対する―戦争をさせない，若者を再び戦場に送らないために―

出所：筆者作成

【阿知良洋平・清末愛砂】

【コラム②】 Café de KENPO！《カフェで憲法を語ろう！》

　2014年6月25日，Café de KENPO！の第1回目を札幌で行った。回を重ね，2016年6月29日に第6クールが終了した。延べ回数29回。2015年7月には別件で札幌を訪れた小林武先生（沖縄大学客員教授）に無理をお願いし，特別講演をしていただいた。小林先生は，沖縄で日本国憲法の平和的生存権の研究を深められている。特別講演では，沖縄の実情も含め，お話しいただいた。この間の参加延べ人数は，300人を下らない。

　第1クールは，筆者が講師を務め，全6回で憲法全体をざっくりと学ぶ形式とした。おおむね60分を講義に充て，30分ほど質疑やディスカッションの時間を持ち，その後は有志で食事（と少しのアルコール）を頂きながら議論を続けるというのが定番スタイルだ。会場は，札幌駅近くのカフェバー「ROGA」を使わせてもらっている。札幌軟石の蔵造りで，雰囲気のよいお店だ。同店のオーナーが筆者の高校の先輩であり，快く会場を提供してくれている。感謝。

　第2クールは，同じことをしてもつまらないので，生活のなかにある憲法を探すことをコンセプトとした。講師は，憲法学者，高校教員，労組役員，市民団体の方などだ。生業としての憲法，憲法教育の実践，労働者の団結と憲法問題，貧困と憲法など講師の目から見える憲法を語ってもらった。

　第3クール以降は，札幌弁護士会所属の弁護士を中心に講師をお願いした。参加者から，もっと弁護士の話を聞きたいという声があがったからだ。できるだけ多くの弁護士に呼びかけを行い，携わった事件から，憲法を見つめてもらった。思いのほか好評で，これからも何とか続けていきたいと思っている。

　筆者がこの企画を始めたのは，先行する憲法カフェが全国で行われていたこともあるが，何より憲法の危機に黙っていられないという焦燥感に駆られていたことが大きい。そんなとき，筆者の執務する北海道合同法律事務所の事務局員から，憲法を体系的に学んでみたいという申し出があり，その場で実施を即断した。

　何よりも伝えたいと思ったのは，憲法がわたしたちの生活と無縁ではないと

いうことだ。それは，筆者の学生時代の恩師の一人である結城洋一郎小樽商科大学名誉教授が教えてくれたことだった。先生の授業は，とにかくわかりやすいのだ。筆者が憲法に興味を持ち，このような活動をするようになったのは，先生が日本国憲法の条文解釈に入る前に，憲法を貫く個人主義（individualism）や社会契約（social contract）といった考え方を整理してくださったからだろうと思っている。条文を文字の羅列として見るのではなく，1つの思想や哲学を通してみる。そうすると，俄然，条文が活きてくるのだ。さらに，さらに勉強をしてみたくなるし，学びが楽しくなった。そして，先生は，自ら市民運動のなかに身を置かれ，自身の憲法学の見地や理論を市民運動のなかで実践された。筆者は，学外で先生の講演を聞き，憲法学は机上だけの学問ではないのだと，理解したのだ。

　先生は，「憲法とは，あらゆる団体に共通の原理を法律上の言葉を使って説明したものにすぎない」という。だから，国家で難しければ，サークルや，労働組合や，町内会に置き換えて考えてみれば，途端にわたしたちの生活に憲法的な考え方が見えてくる。それぞれの団体の基本のルールとなる部則や定款や綱領が，それぞれの団体の憲法（Constitution）となるからだ。

　そう考えてみれば，わたしたちの社会のなかの至るところに，憲法の素材は転がっている。

　主権者である国民と，日本の政治を一定期間委ねられた政治家との関係は，依頼者と代理人の関係であり，まさに筆者の弁護士という職業と同じだ。そして，それは，大学のサークルの部員と部長などの役職者との関係と同じであるし，お使いを頼んだ親と子の関係と同じであるし，さまざまな団体の構成員と執行部の関係と同じである。

　誰かに何かをお願いするときは，誰のために，何を，どの範囲でお願いするかが決まっていて，委任の範囲を明確にした契約書が作られる。白紙委任はありえない。

　国のしくみとしてもまったく同じである。本来，わたしたち国民一人ひとりが，日本という社会を運営しなければならない。一堂に会して議論をし，法を作り，執行し，紛争が起これば解決を図らなければならない。しかし，日常生

【コラム②】 Café de KENPO！《カフェで憲法を語ろう！》

活があるから，そんなことはできない。だからこそ，選挙を通じて国会議員を選出し，立法を委ねるのだ。その法律にもとづいて政治を行う行政機関があり，紛争を解決する司法機関があるのだ。主権者であるわたしたちが持っている権力（立法・行政・司法）を，国会・内閣・裁判所という3つの機関に委ねたのである（三権分立）。

　憲法は，わたしたち主権者が，国家権力を担当する人々に，国民のために日本の政治を委ねた契約書である。その目的は，わたしたち主権者が豊かに，そして自由に暮らすことである。しかし，歴史を見れば為政者によって国民の権利は侵害されてきた。だからこそ，日本国憲法は第3章に基本的人権を列挙し，これを侵すなと権力者に注意を促している。

　立憲主義とは，結局のところ，依頼者である国民が，代理人にすぎない政治家に対して，憲法という社会契約を守れ，と命じることである。平和のうちに生きるために，憲法とは何か，ということをこれからも伝えていきたいと思う。

【池田賢太】

【コラム③】　18歳からの選挙権：あなたとあなたの社会の未来を拓くために

　戦後70年間に渡り選挙権年齢は「20歳以上」だった。それが2015年6月19日，「18歳以上」に引き下げられることが決まった。
　この公職選挙法の改正により，高校生とそれに相当する年齢の人も誕生日に応じて選挙権を有することになった。関連して，文科省「高等学校等における政治的教養の教育と高等学校等の生徒による政治的活動等について（通知）」（2015年10月29日）では，高校等での教育において，具体的な政治的事象を取り扱うこと・選挙権行使のための判断力をつけるための具体的・実践的指導が推奨され，高校生の校外での政治活動が原則認められた。
　さかのぼること1969年，その頃学生運動が活発化したことを受け，文部省（当時）初等中等教育長「高等学校における政治的教養と政治的活動について（通達）」において，高校生の政治活動は学校の内外問わず禁止された。一方，公立学校の教師に対しては，すでに1954年の教育公務員特例法などで政治的行為が禁止されていた。これら等の影響により実質的な政治教育は一部の良心的な実践を除き行われにくくなったのである。
　それが，2015年の選挙権年齢引き下げにともない，1969年の通達は廃止された。全国の高校には，副教材「私たちが拓く日本の未来―有権者として求められる力を身に付けるために」（文科省・総務省，生徒用・教師用）が作成・配布され活用が促された。関連する科目新設も予定されている。選挙管理委員会や弁護士会等の専門家による出前授業の実施や，講演会，そして高校生自身による校内での意識調査の実施等も見られる。いずれも大きな変化といえる。
　しかしながら，「政治的中立性の確保」の要請が現場の教師を困惑させている。
　前述した2015年10月の文科省通知では，教師に対し，政治的主義主張を述べることは避けるよう指示された。作成された副教材の指導資料では，指導事例（教材の作り方や討論などを用いた教育方法の提示）にあわせ，公正かつ中立な立場で指導するための「指導上の政治的中立の確保等に関する留意点」が96頁中20頁に渡り記載されている。その影響からか，たとえば，2015年度に北海道選挙

【コラム③】 18歳からの選挙権

　管理委員会による出前講座（模擬選挙や解説等で構成されている）を実施した82校のうち，直近の国政選挙を取り上げたのは浦河高校・奈井江商業高校の2校にとどまった（『北海道新聞』調べ，2016年5月2日朝刊）。これでは果たして「具体的な政治的事象」を扱ったといえるだろうか。
　さらに，高校生の政治活動に対しては，2015年10月の文科省通知では，学校が校内の教育活動全体（生徒会活動，部活動なども含む）において制限ないしは禁止する必要を指摘している。また，公立学校に校外での政治活動の事前届出制を義務化させるよう働きかけた県もあった。
　政治的中立性の確保は必要だが，教育上尊重されなければならないのは「政治的教養」（教育基本法14条1項）である。そのための「具体的な政治的事象」や「具体的・実践的指導」なのである。高校生を政治的主体としながらも，その政治教育に携わる教師に対しては禁止事項が多数示され，学校内での高校生自身による政治活動は制限・禁止している。このような状況下で，実質的な政治教育は行いうるのか，不安や懸念が学校内外から示されている。
　ところで，「近代教育学の祖」といわれたJ・A・コメニウス（1592-1670，チェコスロバキア）は，子ども向けの教科書として作成した『世界図絵』（1658年初版）の150項目のうち数項目を割き，自らの信じるキリスト教と異なる複数の宗教も取り上げた。キリスト教から見た「他者」を理解することは，宗教間の争いを回避し平和な社会を築くうえで重要だと判断したからであろう。
　政治教育もまた，他者を理解することに通じる。ある政治的事象に対し，自分とは異なる意見や価値観に触れ，討論を繰り返しながら，対立を解消し，それがまた自分の考えの再認識・再構成を促す。日本国憲法で保障されている思想信条の自由，表現する自由はその前提である。これらが，あなたとあなたの社会の未来を拓くことに通じていくのである。これらに資する政治教育が求められる。
　ところで，選挙権が「20歳以上」のときは，若者は社会人になったり大学生・専門学校生になったりして初めて選挙権を有した。大学や専門学校はそのためだけの教育など用意しなかったし，高校での政治教育は先述のとおり限界があった。しかし，このことが問題にされたことが，かつてあったであろうか。

第Ⅰ部　現在の問題から考えてみましょう

　肝心なのは低迷する投票率を上げるための選挙の形式の体験ではなく，まずは「具体的な政治的事象」を存分に取り込んでの真の政治的教養の育成であろう。

【前田輪音】

第 **II** 部

過去にさかのぼってみましょう

第4章 植民地主義の原型(プロトタイプ)としての北海道

1 底辺の人々に向けた視線への脚光

　2015年，室蘭をめぐってひとつの静かな「事件」が起きた。インターネット上で200万回もダウンロードされた漫画，曽根富美子『親なるもの断崖』の再登場である。1992年に日本漫画家協会賞優秀賞を獲得するも絶版になっていたこの漫画は再び脚光をあび，とくに若い女性の間でむさぼるように読まれた。昭和初期，室蘭幕西遊郭に東北から親に借金のかたで売られてきた4人の少女たちが，人間以下のモノとして扱われ壮絶な性体験を繰り返しつつも，2人死亡，2人が生き抜き，そのうちの1人が女の子を生み，戦後の売買春禁止，男女平等の立役者として命をつなぐという内容である。室蘭の近代史の光の部分が製鋼・製鉄業，港の発展であるとするならば，男性のタコ部屋労働（後述）よりも悲惨ともいえる歴史の陰の部分である女性の人身売買を丹念に描いた漫画である。2002年に発見された資料によると，大正末から昭和初めに，幕西遊郭の娼妓たちは月に14人から多くて62人と売春させられ，11円から50円の稼ぎがあったが，平均1,000円の借金を抱え，着物・化粧代も自己負担なため，借金はなかなか減らず（『北海道新聞』2002年7月30日朝刊），激務と衛生状態の悪さゆえ病気で死ぬ者や自死も多かった。

　しかしながら，この遊郭は1957年，売春防止法の施行と共になくなり，存在は長く室蘭市民にも忘却されてきた。現在，幕西のゆるやかな坂を散策しても，当時の面影はほとんどない。この漫画が大ヒットした背景の理由は，2010年代に拡大した格差社会や，安保関連法の強行採決など軍国主義社会到来への不安（『北海道新聞』2015年7月18日朝刊）が若者の根底にあると思われる。子どもの6人に1人が貧困状態（2015年）にある状況にあって，もの言わぬ・言えぬ弱者へ

の注目が集まったということであろう。そういう意味では，この漫画のヒットは『蟹工船』ブームの再来であったといえよう。『蟹工船』は2008年に再度文庫本が40万部も売れるほどヒットし，2009年には映画も作られた。

　これらの作品に描かれた遊郭や蟹工船といった非正規労働以下の奴隷のような労働の舞台がいずれも北海道であったということは偶然ではなく，北海道の植民地構造と密接な関係を持つ。本章では，この北海道の植民地構造の原型の形成について考えていく。

2　北海道の風景：「内地」との比較において

　北海道は「広い」「広々している」「整然としている」「寒い／涼しい」「大自然」「エキゾチック」そして「おいしい」イメージがある。グルメとショッピング，美しい自然，レジャー施設，スキーや温泉があれば観光業界では客を呼べる，というのは定石である。北海道はその条件をすべて満たしているため，2013年ごろから始まった「インバウンド」，すなわち外国人観光客の憧れの目的地となっている。とくに，航空便の増加やヴィザ条件緩和などによりアジアからの観光客が激増している。日本人向けの観光開発は1960年代以降に始まったため，ほぼ半世紀以上もの間，北海道は経済的余裕ができ，都会の喧騒に倦んだ層への「あこがれの地」であり続けた。

　しかし，「広々している」というイメージは歴史的に形成されたものである。

---

1) 江戸時代から公娼制度が存在したが，近代になっても，前借金でしばって女性の自由を奪い，そのような女性はその意思がどうであれ性産業に従事させられるという制度が存在した。1957年に施行された売春防止法は，売春を助長する業者を処罰するとともに，売春に従事する女性を「更生」させる目的で制定された。同法3条は売買春を禁止しているが，刑事罰は設けられていない。しかし，公然勧誘罪を規定する5条のもとで，売春に従事する女性が勧誘行為により処罰対象となる可能性があることから，片罰主義の法律として問題視する声もある。
2) 小林多喜二の1929年の小説のこと。オホーツク海からカムチャッカ半島の海域で蟹を加工する船上で，監督の横暴な見張りと制裁のもとで黙々と過酷な労働を強いられつつも，権利に目覚める労働者の姿を描いた。

第4章　植民地主義の原型(プロトタイプ)としての北海道

　先住民[3]アイヌの伝承にあるように，北海道（アイヌの言葉でいえば，アイヌモシリ：人間の大地）はうっそうとした原生林（ミズナラ，エゾマツ，トドマツ，イチイ，オニグルミなど）の巨木に覆われていた。アイヌはここで，自然の恵みに感謝しつつ，自然と共生しながら寒冷な気候の地を生きていた。狩猟や漁労(ぎょろう)も，自然に無理をかけないかたちで行われた。和人との交易品もこの自然との共生能力を活かした鮭やシカ皮であった。

　「広々」「見通しがいい」「整然としている」のは，この原生林を徹底的に伐採し，川にダムをつくり，港湾，工場，牧場をつくり，「荒地」を計画的に開墾し田畑をつくり，といった近代化の営みの結果で，言い換えれば手つかずの自然を「改造」した結果である。ラベンダー畑で有名な富良野，一大農業地帯である十勝，道東の牧場もこの文脈で理解できる。「至るところ山林ならざるはなし」（すべてが山林で覆われている）といわれた開拓使当時の様子と現在の北海道はかなり違っている。

　札幌や旭川，帯広に見るような条里制の都市はたしかに機能的ではあるが，東西南北ブロックに分けて自由自在に線を引き，都市をつくり農地を区画するという意味では非常に人工的である。これは，ニューヨークのマンハッタンの都市計画や，米国の西部開発に倣(なら)ったタウンシップという殖民地区画の方法であった（俵 2008：88）。

　北海道大学は札幌駅から徒歩6分ぐらいのところにある。数ある旧帝国大学[4]のなかでも，最も主要駅に近い大学である。札幌の都市計画のなかに，鉄道駅，大学（当時は札幌農学校），道庁が機能的に組み込まれていた。教育機関は「近代」を象徴した。「内地」[5]の城下町だと，鉄道駅は街のはずれに設置されることが多

3）　先住民とは，外来者が来る前にその土地に住んでいた人々のことを意味する。2007年，「先住民族の権利に関する国際連合宣言」が出された。ここでは，先住民の慣習，文化と伝統の継続と補強，自身の必要性と目標にあわせた発展をめざすとともに，先住民に対する人権侵害の解消，差別や周縁化との闘いを支えることが国際社会では必要，と宣言される。
4）　帝国大学とは，1886年に大学令によって設立された大学を指す。日本国家とその植民地を支える男性のエリートを育成した。東京，京都，東北，九州，北海道，京城（現，韓国のソウル），台北（現在の台湾の台北），大阪，名古屋があった。

かった。住民が蒸気機関車の騒音と煙を嫌ったからである。

また内地の城下町だと，江戸時代の地図が残っており，ほぼ現在と同じ地形や都市のかたちのなかで江戸時代の屋敷の持ち主が特定されうるが，北海道では松前藩以外は特定されえない。すなわち，「土地の所有権」という意味において，北海道において松前藩が支配した場所請負制の漁港を頂く海岸線以外は，現代的意味における所有権は存在しなかった。

「無主の地」(Terra nullius) とは，先に到達して土地を占領した者の「早いもの勝ち」で所有権が決まる論理で想定される19世紀の国際法上の法理である。北海道の場合，その「早いもの」は，明治以降の日本国家（大日本帝国）であった。国家＝官が，まず明治維新という政治抗争に敗れた没落士族を養う場所として北海道を管理し，入植地として既得権益を獲得した。最初の入植地であった道南地方では和人開拓民にのみ農地の所有権が認められたが，先住民のアイヌには土地の伝統的共有権を認めなかった。明治国家は先住民の承認なしに，北海道の土地を和人の個人に譲渡，売却する権利を獲得した（モーリス＝鈴木 2000：209）。その意味では，明治政府と和人移民は，最初から先住民に対して不公平な「征服者」・「植民者」として存在したということになる。

3 「利用」される大地：内国植民地

森林保護もなおざりであった。1870年代に「お雇い外国人」としてクラーク (1826-1886) は札幌農学校にやってきたが，当時の米国の開拓の常識に従い森林保護政策策定に積極的でなかった。無尽蔵の資源が眠る大地を開発しつくすという，米国の西部開拓のやり方である。この「未開の大地」を「眠れる美女」

---

5) 内地とは，明治維新以前に日本の領土と画定していた場所で，本州，四国，九州およびその周辺の島々を指す。外地は外地法が適用されたいわゆる「植民地」のことである。年代的に北海道から始まり，千島，沖縄，台湾，樺太，関東都督府，朝鮮，南洋などが外地であった。外地で現在も日本国領土内に残っているのは北海道と沖縄である。
6) 和人とは，先住民のアイヌが，本州や四国，九州からやってきた入植者に対して使った言葉である。

第 4 章　植民地主義の原型(プロトタイプ)としての北海道

と表現したのは，野生動物のシカやオオカミを殺しつくそうと進言した「お雇い外国人」ライマン（1835-1920）であり，北海道は「恰(あたか)も深閨(しんけい)の処女(こ)の如し」といったのはブルックス（1851-1938）であった（俵 2008：75）。開拓者の思うようにデザインでき，入植者に無尽蔵の恵みと利益を与えてくれ，また，開発が日本の国益にかなう夢のような大地として，北海道は認識されていたということになる。

　開拓使最高顧問となったケプロン（1804-1885）は，北海道のことを自然物産，水産資源，鉱物資源，森林資源が豊かで，土地も肥沃，気候がよく，良港があり，川も豊かであるとして，開拓には最適の土地とした。開拓を実現させるために彼が進言したのは，地形地質調査，開拓者を招き入れるための土地の処分方法の制定，道路整備，本州との連絡船運賃の低廉化，鉱山開発，木材生産，漁業振興，農事試験場の開設，家屋の改良，米食から欧米的食への転換，運河の整備，学校設立など，多岐に渡った（俵 2000：59-64）。北海道の近代の方向性は，ケプロンが提唱した米国式土地経営方式で決定づけられた。「内国植民地」[7]の始まりである。まず原生林を切り開き，枕木をつくり，鉄道線路を作るべく鉄を精錬し，石炭を掘り当て，それを鉄道で輸送し，馬車道を切り開き，という過程が，膨大な経費と人力の投入によって行われた。1871（明治4）年には，開拓使10年計画が発動し，国家予算の4～5％にもあたる2,000万円の予算を投入し開発計画が実行された（田端ほか 2000：181）。

　開拓使時代（1869～1882年），ケプロンが進言した土地処分の方法は，1人10万坪（33ha）を上限とする1872年の「北海道土地売貸規則」だった。北海道庁ができ「開拓」政策が変換したのは1886年の「北海道土地払下規則」によってであった。1,000坪1円（1坪は3.3平方メートル，1円は現在の金銭価値で約2万円）で土地を1人10万坪を限度に民間に払い下げたこの規則により，北海道に大土地所有制のきっかけがつくられた（海保 1983：344）。北海道にいっそうの資本の移転と人々の移住が促進された。

---

7)　内国植民地とは，国際法上は植民地ではないが，実質上は中央が先住民の集団的権利を制限し，資源を恣意的に使用する国内の土地のことをいう。

第Ⅱ部　過去にさかのぼってみましょう

　さらに,「北海道ハ実ニ日本ノ金穴ナリ,黄金ノ土地ナリ」(勝山 1891：17) と煽られる世論のなか,1897年に「北海道国有未開地処分法」が制定された。この法律によって開墾,牧畜,植樹等に一定の成功を収めた者には,無償で土地を与えられることになった。個人の開墾には150万坪,牧畜用は250万坪,植樹用は200万坪,会社・組合にはその2倍が貸し付けられることになった。資本を持つ者にとっては投資した資金の回収と利益が見込めるということで,資本の移転,資本家の移住がさらに加速した。

　開拓使から15年間は3万5000町歩,「北海道土地払下規則」時代の1886年から1896年は40万5000町歩,「北海道国有未開地処分法」の1897年から1908年までの間には142万5000町歩と,現在の農地面積118万ヘクタール以上の土地が「処分」された(俵 2008：82-84)。大型機械の導入がない時代,ところかまわぬ森林伐採を含む「乱開発」が行われたのが,19世紀から20世紀の変わり目の時代であり,明治初期に森林で覆われていた北海道の風景がまっ平らに劇的に変わったのも,この時代のことであった。日清・日露戦争に勝利し,「一等国」の仲間入りを果たしていた日本の力を支えた原動力のひとつが,この北海道の「開発」であった。石炭をはじめとした資源供給基地として,食料供給基地として,内地の食料増産のための肥料となったニシンの産地として,軍馬生産基地として,ロシアの南下を防ぐ地政学的な国防の基地として,北海道の重要性は増すばかりであった。

　「北海道国有未開地処分法」の下,土地は乱開発されたが,40％ほどは土地返還,取消し処分を受け,事業が成功して土地の無料付与を受けた者は30％未満と,開発の結果は厳しかった。資本家や投機家にとってこの「一定の成果がでれば無償で土地を払い下げ」という規則は有利だが,小資本の一般開拓民には厳しく,離農や離散が相次いだ(俵 2008：83)。

　この時代,資本家による大規模工場や農場,牧場,鉱山の経営が加速した。鉄道建設・経営も盛んであった。またそこに従業員として,小作として,季節労働者として仕事を求め,内地から人が移住してくるということが繰り返され

---

8)　1町歩とは,大体1haに当たる。1町歩＝10反＝3,000坪。

第4章 植民地主義の原型(プロトタイプ)としての北海道

た。

　北海道には東北，北陸からを中心に多くの移民が押しよせた。中級官僚，技術者，監督者，測量者，教員，警察，軍関係者といった内地では成し遂げられなかった地位向上の機会を北海道に求めた階層があった。その階層以下は，なんらかの事情で土地や財産や家族を内地で失った者，先に移住した親戚縁者のコネを頼って移住する者（中村 1998：262-264），内地で水害や鉱毒事件といった公害，火事など災害にあい，集団移住を余儀なくされた者（渡良瀬川足尾銅山鉱毒事件の被害村のサロマ移住，水害の奈良県十津川村から石狩の新十津川へ），被差別部落出身の者，さらなる儲けばなしに乗った漁民など，さまざまであった。ある階層以下の者はまるで「棄民」のように北海道で自活することを求められた。その人々が移住する際の補助は国庫からほとんど出なかった。行くあてを失った移民は，北海道の海や大地といった自然から生きるための糧を自助努力・自己責任で見つけ出さなければならなかった。

4　見えない植民地主義と移民の群れ

　小林多喜二のプロレタリア文学の傑作『蟹工船』は，大資本家が北の果てカムチャッカまで海軍の護衛を得ながら蟹をとりに操業し，いじめ，脅迫，虐待，恐怖が横行する船中での厳しい労働形態を描いた。乗員たちは「国道開たく工事」「灌漑(かんがい)工事」「鉄道敷設」「築港埋立」「新鉱発掘」「開墾」「積取人夫」「鰊(にしん)取り」のいずれかをしてきた内地からの移民であったし，資本家は「北海道・樺太へ」のスローガンのもと，「朝鮮や，台湾の殖民地と同じように，面白い程無茶な（労働者の）『酷使』ができた」。北海道には，いわゆるタコ部屋労働（後述）で生き残った者，危険な鉱山での発破(はっぱ)作業から逃れた者，内地で小作農をしていて，あまりの苦しさに自作農を夢見て北海道に渡ったものの失敗し，餓死の瀬戸際に立たされるか，高利貸しのため再度小作人になることを余儀なくされた者（小林［1929］1963：102-104）など，貧しき者の群れがあった。北海道は資本家にとっては「天国」，労働者にとっては厳しい収奪と生存競争の地であった。

第Ⅱ部　過去にさかのぼってみましょう

5　自然の荒廃

　収奪された移民は，生き抜くために自然を収奪し始める。米国西部の開拓方式にもとづく開拓が推奨されたこともあり，原生林で覆われた大地は，開拓という名目の下で徹底的な伐採を余儀なくされた。のこぎりでひいて木を倒すも根を掘らないと耕地はできないため，森林伐採は多くの人力を必要とする作業であった。倒された木は薪にするか，積み上げて焼き捨て，根は5～6年後の腐食を待って除去した（北海道庁殖民課 1895）。あるいは，伐木請負人が木の幹に切れ目をいれて，将棋倒しにし，そのまま火を放って焼き払った，という事例もあった（石狩）。

　鉄道が敷設されるようになると，鉄道沿線がまっさきに「開発」され，平地ならずとも山間部の原生林の手当たりしだいの伐採が始まった。なかには，耕地の開拓よりも，木材が目的という山師のような者も増え，伐採した木を木材にして売ると，そのまま放置するという「開拓民」も現れた。また，森林を伐採した土地は腐葉土が豊かであり，3年は肥料を施さなくても収穫ができるが，3年がすぎると土地の力が失われるため，施肥もせず耕作地を放棄する，という者も現れた。いずれにしても，収奪的あるいは略奪的耕作が行われた（俵 2008：95-96）。

　鉄道が敷設され，鉄道駅の周りに道路ができ馬車が通るようになると，運送可能な場所にある木はカネになった。マッチの軸（ヤマナラシ），鉄砲の銃床（オニグルミ），鉄道の枕木，建築・家具・包装・パルプ・漁業用資材（以上，ミズナラ）など，森林は「無尽蔵の宝」として捉えられ，収奪的な伐採にいっそうの拍車がかかるようになった（俵 2008：135-142）。森林は，自然と一体化した生態系のサイクルから断ち切られた。加えて言うならば，豊かな森林があったからこそ，海や川で鮭がとれ，海ではニシンがわいた。江戸時代から内地では「魚附き林」といって，漁民が川の上流に植林をしてきた。プランクトンの増殖を適当なものとし，洪水の際も濁った水が押し寄せないようにするためである。北海道の森林が植樹もおざなりな状態で収奪的に乱開発されると，ニシンがいな

くなるのは当然との説もある（若菜 2001）。

6 「殖民地」北海道

　植民地とは『広辞苑』（第5版）によれば「ある国の海外移住者によって，経済的に開発された地域。本国にとって原料供給地・商品市場・資本輸出地をなし，政治上も主権を有しない完全な属領」とある。しかし，これでは，北海道に関する説明としては不十分である。北海道は「内国植民地」として，以下のように定義しなおすことができるだろう。「政府が殖民地化方針を決め，内地の移住者と資本によって，経済政治的かつ文化的に開発された地域。内地にとって，原料供給地・商品市場・商品生産地・余剰人口送り出し地，資本輸出地であり，政治上は中央の命令に従属する地。先住民アイヌは二級市民扱いされ，政治・経済・文化的民族自決権・自治権を奪われた場所」。

　日本政府は明治維新後の1869年に北海道開拓使を設置し，北海道を①禄を失って困窮した士族を養う場所，②屯田兵制度をつくり，ロシアの南下政策に対抗する「北門の鎖鑰（さやく：鍵）」としての場所，③明治の日本国が欧米と肩を並べる近代化モデル，軍事化モデルを採用することによって天皇の「皇威をさらに拡張する」場所とした。その後，北海道は④石炭，木材，硫黄，魚や昆布などの天然資源の供給場所，それを加工して近代化に備える工場立地の場所，⑤明治中期には内地で増え続ける余剰人口を送り出し，送り出した人々を愛国的臣民として育てる場所，⑥思想犯も含む犯罪者の流刑地かつ彼らをほぼ無賃で働かせて「奴隷労働」で収益をあげる合理的場所（田端ほか 2000：198）としての多様な機能を持たされた。

　すなわち，戊辰戦争が絶対的な天皇の権威を認める体制のスタートラインであったとすれば，北海道開拓とは，「皇威」を実際に拡大するための（榎本 1978：114-115）機会であった。同時に，北海道は反乱・不良分子の収容地，国防軍養成地・駐屯地，資源供給地，人口問題解決，殖産興業の場，先住民の臣民化＝同化の場としての複合的意味を持ちつつ存在していたことになる。

　ここで問題となるのは2点であろう。すなわち，人口問題解決地ということ

で，衣食住足らない「貧民」を吸収する場所として宣伝しつつも，政府の援助はほとんどなく，あくまでも移民の「自力更生」を図っていたこと，それにより，所によっては無秩序な「開発」と自然破壊が行われたことと，持てる者と持てぬ者の階層の二分化がいっそう進んだことである。

　２番目に，先住民たるアイヌの権利をほとんど考慮せず，それどころか，アイヌと外国人キリスト教宣教師が近い関係にあったこともあり危険視したこと，「優勝劣敗」の原則に負けたものとして「滅び行くもの」・野蛮な種族として徹底的に「同化」と蔑(さげす)みの対象として対処したことが挙げられよう。

7　アイヌへの差別

　アイヌの同化に関しては，明治以前にさかのぼる。江戸時代以来，場所請負制がしかれ，アイヌの労働力を使った漁労や商業取引が盛んであったが，アイヌに不利な交易で不満が絶えなかった。それに抗議して和人に挑んだシャクシャインの戦い[9]に敗れた後も，アイヌは和人による搾取を拒み幾度も蜂起した。しかし，簡単に鎮圧されてしまうばかりで，結果的に和人に対して強く出ることができなくなった。和人側はアイヌに改俗（生活方式を変えること）と日本語使用を奨励した（高倉 1960：234）。

　明治になるとその同化圧力と強制力は権力によって拍車がかかった。一攫千金(いっかくせんきん)を夢見た和人移民によるシカや鮭の乱獲は，狩猟民たるアイヌの生活を破綻させた。和人が持ち込んだ天然痘や梅毒などの伝染病で人口も減った。「北海道土地売貸規則」「北海道土地払下規則」の下で国家により土地が一方的に奪われたアイヌには，農業奨励のために旧土人保護法(1899年)にもとづき土地が「給与」された。しかし，与えられた土地は条件が悪く，また借金の担保となりアイヌの手に入らないことがあった。土地と生業を失ったアイヌは貧困にさいな

---

9)　シャクシャインの戦いとは，江戸前期の1669年，日高地方のアイヌ首長のシャクシャインが松前藩の交易独占強化に反対し，蝦夷地各地で商船をおそい，松前を攻略しようとした戦いのことをいう。シャクシャインは謀殺され，戦いは敗北に終った。

第4章 植民地主義の原型(プロトタイプ)としての北海道

まれ，和人による軽蔑のまなざしのなかで，北海道民衆の底辺を形成した（高倉 1960：246）。

先住民にもかかわらず，アイヌは移民の和人から存在を全否定された。アイヌは和人への同化を強制され，アイヌ自身も和人からの差別をおそれ完璧な日本語を操り，日本式定住農耕生活を試みるようになった。しかしここでも，やはり変えられぬ「血筋」を和人によって厳しく問われ，あざ笑われた。その繰り返しにより，アイヌは「アイヌ」ということに誇りを持てなくなり，誇りを奪われたアイヌ男性のなかには弱者であるアイヌ女性に酒を飲んでは暴力をふるう者もいた。そのような祖母，母を見て育ったアイヌ女性は，貧困と和人からの蔑みといじめと自信のなさゆえ学校に行くことをあきらめ，長じては和人男性と結婚し，生まれた子どものアイヌの血を薄めることに将来の希望を見出した者もいた。しかし，その多くは和人男性に騙されて，残された和人との間の子どもを複数抱えて再度極貧にあえぐ，ということが繰り返された（高橋 1976：153）。

一般的に植民地主義はヤヌスのように2つの面を持っている[10]。それはDVを起こす人が優しい面と暴力的な面を併せ持っていることと似ている。優しい面は弱者に職，食，教育を保障し，規律を守りインフラストラクチャーを整え，権威のもとでの秩序の構築をするという点である。北海道であれば，上記のような整然とした都市計画，土地処分制度の確立などという点がそうであろう。また，内地からの移民の群れを受け入れることによって民生を図り，内地の貧困と飢餓問題解決の受け皿となったことも「優しい」面であろう。

しかしながら，植民地主義の暴力的な面も見逃せない。和人移民の厳しい労働，タコ部屋のような奴隷労働，売買春の容認は彼らが経済的・社会的矛盾の犠牲者であったことを物語る。しかし，その犠牲者たる社会的弱者の和人は，先住民アイヌの権利はく奪・差別の受益者で，先住民にとっては加害者でもあった。

さらに現在も和人の移民の子孫も，自分たちの先祖はアイヌの土地の侵略に

---

10) 古代ローマの神。前と後，2つの顔を持った姿で表象される。

加担し加害者でもあったという歴史意識を欠落させたまま生活していることも植民地主義のある面を物語っている。近代史における北海道史とは、多く「開拓」民の苦労物語に収斂されていった。彼ら・彼女らは本籍地の移管によって北海道は故郷と言い張る。その意味で、移民にとって北海道の「郷土化」は完成したといえるだろう。しかし、この状態が続くかぎり、植民地の清算がなされることはない。

　「皇威をさらに拡張する」使命を帯びた北海道のアイヌが「皇国兵士」となったとき、未完の植民地化は真正の植民地となる。真正の植民地とは、そこの住人が自分たちの土地は植民地でない、と認識することで完成する。それこそが「内地なみ」の植民地である。かくして開拓使も道庁もアイヌを「文明化させる使命」を持つようになる。恩恵としての「文明化」＝日本臣民化である。これは、のちの海外植民地における皇民化運動の先駆であった。

　その一環として導入されたのが、神社への参拝の強制とアイヌ土人学校の設立である。神社は、和人入植者が、故郷の村の安全と五穀豊穣を祈る氏神を分祀して持ってきたものが多かった。それがアイヌコタンの近くであれば、地形的にも小高い丘の上などアイヌの神聖なる祭壇近くに置かれることが多かった。アイヌの側からすれば「嫌がらせ」であったが、和人からすれば「進歩」「開発」「文明」であった。

　植民地先住民の同化政策は、学校や神社をともない、琉球処分、台湾領有、韓国併合、中国、南洋と、大日本帝国の海外領土拡大とともに、いわゆる「大東亜共栄圏」の原型（プロトタイプ）となっていく。拡大した植民地のなかで、日本敗戦後神社が破壊されず残っており、なおかつ先住民が日本語を話しているのは、北海道と沖縄のみである、ということの意味を考えなければならない。

8　強制連行・強制労働

　開拓使時代の「皇威をさらに拡張する」軍拡と文明化の使命は、対外戦争拡大の名目ともなった。第二次世界大戦中、北海道でも港湾、軍需工場、鉱山などにおいて中国人強制連行・強制労働（19,631人）や韓国・朝鮮人徴用（14〜15万

第4章　植民地主義の原型(プロトタイプ)としての北海道

人）が行われ，連合軍捕虜（1,500人以上）にも多くの犠牲者を出す結果となった。社会の底辺からやっと這い上がった和人の次の世代が，戦争遂行の美名のなかで，意図的に自分よりも立場の弱い捕虜や他の植民地・占領地出身の人々への虐待に加担し，多くの和人がそれを黙認した。

　一例として，室蘭の中国人強制連行の例を挙げておこう。室蘭は1907年，日本製鋼所の開設で鉄生産の工業都市となった。製鉄業は軍需工場でもあり，戦争が激化するとともに生産は伸び，室蘭の町は活況を呈した。中国人労働者は日本が当時占領していた中国華北地方を中心に強制的に集められ，1944年8月頃から鉄道工業と川口組，室蘭港運，室蘭石炭港運，日鉄輪西港運の5か所の収容所に1,861人が連行され，死亡者は564人であった。栄養失調，病気，事故，虐待などが原因であった。死亡者の最年少は12歳，最高齢78歳で，死亡率は30.3％であった。これは，全国平均の17.5％，北海道全体の18.7％に比べ2倍近い死亡率である（新室蘭市史　1987：375）。1943年の日本人死亡率が1.6％であるから，室蘭での強制労働がいかに過酷なものであったのかがわかる。この世の地獄であるような作業は，室蘭が日本製鉄輪西製鉄所や日本製鋼所室蘭製作所がある軍需産業の中心都市であり，石炭積み出し港であったことと関連している。労働者は，石炭ふ頭や本輪西の栗林ふ頭，日本製鉄構内で働かされた。戦後の1954年，室蘭のイタンキ浜で中国人の遺体が125名分発掘された（上野　2001）。朝鮮人は日本製鉄輪西製鉄所で2,248名，日本製鋼所室蘭製作所で405名が働かされた（新室蘭市史　1987：361，393）。

　連合軍捕虜も室蘭で約500人働かされ，そのうち53名が死亡した。死亡率10.6％で，道内の他の収容所に比べても抜きん出た高さである。その労働現場は日本製鉄輪西製鉄所や港湾荷役で，暴力が支配するなか，栄養失調，虐待，病気，事故で死亡した（『北海道新聞』2015年8月23日）。

　北海道は，その天然資源——石炭，鉱物，森林，耕地——が豊富で，とくに戦争遂行のための重要なエネルギーである石炭や製鉄業があったからこそ，多くの朝鮮人，中国人，連合軍捕虜が戦時中投入され，多くの犠牲者を出す結果となった。

第Ⅱ部　過去にさかのぼってみましょう

9　タコ部屋労働

　北海道に鉄道を敷き，ダムをつくり，石炭を掘り出したのは，わたしたちとなんら変わらない，生身の人間である。炎天下に長時間，土を掘ればくらくらするし，病気にもなる。たまたま失業に追いやられていた，たまたま家が貧しくて苦学生だった（弓削 1940：41-42）彼らのもとに，労働幹旋業（周旋屋）で働く「人夫曳」と呼ばれる人たちが声をかけに来る。「いい仕事あるよ。来ないかい？」。タコ部屋労働を例に底辺に生きた人々の生身の生活の実態を垣間見てみよう。

　タコ部屋労働とは，1890年代頃から戦後直後まで続いた，前借金のある労働者を軟禁状態で飯場に住み込ませ，時には暴力的な労務管理を含みながら土木作業等に従事させた労働形態のことである。「タコ」という名称の由来には，諸説ある。ここでは，動物のタコになぞらえたものをひとつ紹介する。タコは，自分で自分の足を食べる。そのように自らの肉体をすり減らして，最低の労働条件で働いて生き長らえるタコ部屋労働者の姿をそれに重ねた（弓削 1940：5），というものである。

　東京の浅草公園は，人夫曳の著名な勧誘場所だった。周旋屋では，贅沢な飲み食いをさせてくれるのが常だった。その後，見張りが付きながら鉄道等で飯場に移動し，着いたときには，飲み食い代が多額の前借金として請求された（石田 1928：61-72）。逃亡して捕まれば，みせしめのリンチは避けられない状況のなか，過酷な労働が始まる。朝，現場監督（棒頭と呼ばれる）か飯台係が一同を起こす（石田 1928：41）。タコ部屋労働者は，よく飯場の前で点呼をとられた。鉄道工事の場合，トロッコに乗せられて工事現場まで行く。現場での主な仕事は，もっこ担ぎとトロッコ押しだった。残された写真を見ると，タコ部屋労働者は頭に鉢巻きをし，上半身裸，下半身には褌を巻いている（小池 1982：48-49）。筋骨隆々に見えるが，ビタミンB不足で脚気にかかる者も後を絶たなかったという（小池 1977：18）。北海道炭鉱鉄道株式会社の室蘭線工事においては，大量の蚊の発生によりマラリア[11]が発生し，労働者を苦しめている（日本鉄道

第4章　植民地主義の原型(プロトタイプ)としての北海道

建設業協会 1967：158)。

　工期を厳守するため，現場監督の棒頭による厳しい管理が行われた。「ぼいまわし」とは，棒頭がステッキを持って動作のにぶい人夫をなぐって焼きをいれることを言った（小池 1977：126）。たとえ息があっても生き埋めにされたという証言も複数ある（常紋トンネルでは人骨が出ている。小池 1977：27）。「監獄志願」という，タコ部屋にいるよりむしろ監獄に行ったほうがいいと考える人も出た。彼らはわざと警察官の前で犯罪を起こし，もみ消せない状況をつくって逮捕されたという（小池 1977：128）。

　飯場は一般的に，便所，浴場，平土工部屋（一般のタコ部屋労働者の部屋），病室，土間，炊事場，飯台，幹部部屋，物置がある平屋の建物であることが多かった。粗末な木造である。一般のタコ部屋労働者は，大部屋に寝る。床には，ゴザを敷き，その上に布団を敷いて寝る。各布団に2人ずつ入って寝るのが普通で，寒さをしのいだという（小池 1977：138-145）。食事は1日4回ほどとっていたようである。朝4時半に朝飯，午前9時に「9時飯」，午後2時に「2時飯」，飯場に引き上げてから夕食ということだ。おおよそ朝食は，(以下は，主食以外ということであろうが) 味噌汁・漬物，9時飯が味噌・塩鱒，2時飯が握り飯・梅干，夕食が味噌汁・漬物プラス一品（生魚・鱈(たら)・サバ・豆腐・色豆のうち）といったところである。ただしこの記述は，飯場が食事をろくに与えないことを警察がしっかりと取り締まっているという文脈での記載であるため，その分を差し引いてみる必要があるかもしれない。飯場でも肌着，股引，草鞋(ぞうり)，下帯(ふんどし)，軍手，地下足袋(たび)，タオル，手拭，煙草，切手，ちり紙，酒などが買えた。しかし，市価よりも高く販売していたことがあった（石田 1928：47-51）。

　タコ部屋労働の前史には，囚人労働がある。囚人労働とは，囚人を危険な土木現場・炭鉱に送り込み酷使させることをいう。しかし，囚人労働の残虐さが留岡幸助(とめおか)[12]らにより議論となり，1894年に囚人労働は一応の終止符を打たれた（小

---

11)　マラリアとは，蚊に媒介されたマラリア原虫によって引き起こされる熱病のことをいう。
12)　留岡幸助(1864-1934)は北海道の監獄で囚人の人権保護を訴えた先駆者である。のちに，恵まれない子どもたちのための児童福祉施設を設立した。

第Ⅱ部　過去にさかのぼってみましょう

池 1973)。

　ここから表向きは自由な契約であるタコ部屋労働が主流化してくる。タコ部屋労働が最初に発生したのは，1890年から92年にかけての北海道炭鉱鉄道株式会社の室蘭線・夕張線工事であるといわれている。当時は石炭の産出量が増大し，それを運ぶための鉄道建設も盛んになっていた。これにより労働力不足が生じ，本州から労働者を確保するようになる。室蘭線・夕張線では，青森，岩手，山形などから人夫が連れて来られている。これらの人夫には旅費等にかかった多額のコストが前借金として課せられていた。それにもかかわらず，工事の困難さゆえに逃亡が後を絶たなかった。そのために，暴力による管理と軟禁状態での労働が生じることになった（日本鉄道建設業協会 1967：155-158）。1896年，第7師団[13]が旭川に置かれ，同年鉄道敷設法が発布されると，北海道では「拓殖並びに兵備上特に急を要するもの」（日本国有鉄道札幌工事局70年史編集委員会 1978：39）として鉄道建設が進んでいく。

　タコ部屋労働は法律や世論によって盛衰があり，以下のように時期区分されている。生成期は1890年代の囚人労働からタコ部屋労働に労働形態が移行していく時期である。確立期は鉄道工事が盛んになり，第一次拓殖計画[14]も制定され，タコ部屋労働への需要が最も盛んだった1900～1920年頃である。1920年代は再編期で，酷使や虐待に対する取締りが強化され，内務省の労働者募集取締令や厚生省令の職業紹介法が制定された。1930年代は衰退期で，職業紹介法（1921年）によって職業紹介が国営化され，北海道土工殖民協会の設立がなされタコ部屋は減少した。しかし，1940年代は再建期となり，戦争による労働力不足を補うためにタコ部屋が各地で広まることになった。そのなかに，中国や朝鮮から「強制連行」された人々も含まれていた。1945年からの数年間が消滅期にあたり，1946年には米軍によりタコ部屋の解散が命じられた（以上，小池 1977：112-113。その後も茅沼炭鉱等で同様の形態があったとの話もある。小池 1977：

---

13)　第7師団とは，北方警備を担うため北海道に置かれた大日本帝国軍の師団のことをいう。
14)　第一次拓殖計画とは，1910～1926年の間に北海道庁が計画した河川や交通網などの整備計画のことを指す。

251-252)。

　このような状況に置かれた労働者の癒しとは何であったのか。博打は親方のほうが慣れており，必ず負けて金を搾り取られることはわかっているものの，休み中にすることがないタコ部屋労働者は，これに興じた（小池 1977：136）。さらには契約が終わり解放されると遊郭に向かった。「彼等が僅少の揚げ金を懐中して部屋から解放せられるに及んでは先づ心を惹くものは異性に対する衝動である。彼等は色町に走る。半年間の労苦の結果得たる所の金を一夜に散して惜しまないのである」（石田 1928：53）。極度の疲労の環境は，刹那的な快楽へと導いたのである。

　以上で見てきたように，北海道の植民地化は，労働者たちの突貫工事により北海道の自然を破壊しながら，また同時に働き手のからだとこころをも破壊しながら進行していった。加えて，このような植民地化は，これらの男性労働者が女性のからだとこころを搾取するかたちで成り立ってもいたのである。

☞ 発展学習のための案内

〔行ってみよう〕
白老町アイヌ民族博物館
平取町立二風谷アイヌ文化博物館
萱野茂二風谷アイヌ資料館

〔読んでみよう〕
曽根富美子，2015，『親なるもの断崖（第1～2部）』ミッシイコミックス．
小林多喜二，2008，『蟹工船』角川書店：　インターネット上の青空文庫でも読める．
野田サトル，2015-2016，『ゴールデンカムイ（1～8巻）』ヤングジャンプコミックス：フィクションだが，日露戦争後の北海道の土地の収奪のありさまがよく描写されている．
違星北斗，1980，「北斗帖」『北海道文学全集第11巻』立風書房：　インターネット上の青空文庫でも読める．差別と貧困にあえぐアイヌ青年がいかにプライドを取り戻せばいいのか，悩み苦しむ真情を短歌と俳句で書き表す．自己表現手段がアイヌ語でなく日本語というのが植民地主義の実態を表す．
樋口健二，2011，『原発崩壊』合同出版：　原発下請労働者を追ったジャーナリストの

第Ⅱ部　過去にさかのぼってみましょう

写真集。この本は自然とからだの破壊という視点から，タコ部屋労働と現代の労働環境の連続性を示唆するのではないだろうか。

〔引用・参考文献〕

勝山孝三，1891，『日本開富——北海道殖民策』大日本殖民会．
榎本守恵，1978，「北海道開拓精神の成立」『北海道の研究第五巻——近・現代篇』清文堂出版．
海保洋子，1983，「近代北海道の形成と民族問題——アイヌ民族の統合と抵抗」『北海道の研究第五巻——近・現代篇』清文堂出版．
小林多喜二，〔1929〕1963，『蟹工船』新日本出版社．
中村英重，1998，「岐阜県と北海道移住」永井秀夫編『近代日本と北海道——「開拓」をめぐる虚像と実像』河出書房新社．
田端宏・桑原真人・船津功・関口明，2000，『北海道の歴史』山川出版社．
高橋三枝子，1976，『北海道の女たち』北海道女性史研究会．
高倉新一郎，1960，「アイヌ悲歌」『日本残酷物語第4部』平凡社．
俵浩三，2008，『北海道・緑の環境史』北海道大学出版会．
若菜博，2001，「日本における現代魚附林思想の展開」『水資源・環境研究』Vol. 14.
上野志郎，2001，「講演再録」『北海道新聞』2001年8月16日．
テッサ・モーリス＝鈴木，2000，『辺境から眺める——アイヌが経験する近代』みすず書房．
室蘭市史編さん委員会編，1987，『新室蘭市史　第四巻』．
石田廣，1928，『所謂監獄部屋の研究』司法調査課．
弓削小平，1940，「北辺の労働と出稼関係」『司法研究』28（17）．
日本鉄道建設業協会，1967，『日本鉄道請負史』日本鉄道建設業協会．
小池喜孝，1973，『鎖塚』現代史出版会．
小池喜孝，1977，『常紋トンネル』朝日新聞社．
日本国有鉄道札幌工事局70年史編集委員会，1978，『札幌工事局七十年史』日本国有鉄道札幌工事局．
小池喜孝，1982，『北海道の夜明け』国土社．
空知民衆史講座，1994，『和解のかけ橋』空知民衆史講座．
山田昭次・古庄正・樋口雄一，2005，『朝鮮人戦時労働動員』岩波書店．
北海道庁殖民課，1895，『北海道殖民図解』．

【松本ますみ・阿知良洋平】

第5章 祖父母のライフヒストリーから見る北海道の歴史

1 はじめに

　室蘭工業大学の1年生文科系導入科目の「哲学入門A」では，履修者に「祖父母（あるいは年長者）のライフヒストリー」を書いてもらっている。履修者は年度によって違うが，150名前後である。この試みはいろいろな大学で，文化人類学や民俗学関係の課題となっているが，あえて「哲学入門A」で課しているのは以下のような目的があるからである。

　第1に，20歳前後の学生が自分のルーツとしての祖父母の人生を聞き取ることで，この21世紀の時代に大学生として生きる自分という存在のかけがえのなさ（唯一無二性）と，大切さを感じてもらう。とくに，いかに望まれて生まれ，愛されて育ってきたのかを知ることで，自己肯定感と自尊意識を再確認する意味もある。第2に，きっかけがなければコミュニケーションをとることがあまりない祖父母の話を傾聴する心構えを身につけてほしいと教員としての筆者が考えたからである。身近な人とのコミュニケーションができない人は，社会においてもさまざまな人と良好な人間関係を築くことが難しく，他者からの呼びかけに応答することも，人格の陶冶も困難であるからである。第3に，歴史には大文字の歴史（教科書に載るような歴史上の人物，事件，出来事）と小文字の歴史（教科書に載らない人物，事柄）があり，大多数の庶民は小文字の歴史を生きているということ，そして，その生の営みが歴史をつくるということと，その生の一つひとつに意味をつける，というのが後代を生きる人の仕事であることをわかってもらうことも大事と考えた。身近な家族の歴史を知ることで，現状と未来を切り開くきっかけとしてほしい，という希望もあった。そして，その小さな小文字の歴史を生きるものも，戦争や不況といった大文字の歴史に翻弄され

るものである,という関連性も学生に知ってほしかった。

さて,室蘭工業大学は北海道の地方国立単科大学であり,6割程度が北海道出身者である。図らずも北海道の昭和から平成を逞しく生き抜いた人々のライフヒストリーが集まった。ここでは,その典型的な生活史を追っていく。ちなみに,固有名詞はすべて仮名である(敬称略)。

さきどりをしていえば,学生の祖父母は昭和ひと桁から10年代生まれが多く,戦争を体験している。とくに,昭和20年の日本敗戦当時子どもであった人々は,絶望的な貧困と死と隣り合わせの飢餓,肉親との別れを経験している。それは死別であったり,養子縁組というかたちであったり,国境閉鎖による生き別れであったりした。孫である学生への語りにも「戦争は二度としてはいけない」「世界平和であってほしい」という,経験に裏づけられた痛切な願いが込められている。

また,昭和初期(1920年代)から末期(1980年代)にかけて,家族が北海道内を転々としていたこと,産業構造の転換のたびに世代ごとに職種が変わっていることもほぼ共通である。その結果,おそらくは多くが第二次,第三次産業に就職していくであろう学生たちの道筋をつくったのも彼ら・彼女らであった。ちなみに,学生から2世代上の祖父母の世代では,大学卒業者がほとんどいないのも特徴である。それは,北海道という土地柄とも無縁ではないと思われる。

2 女性のライフヒストリー

女性のほうが一般的に長寿ということ,さらには孫である学生との関係の良好さ,親密さという意味において,女性のライフヒストリーが多めに集まった。以下,いくつかの例を挙げておくことにする。

■ 北海道生まれ,シングルマザー

1935年生まれ。蹄鉄業娘→戦争で父親出征→困窮,飢餓→弟を連れて学校へ→戦後モノ不足→結婚後,夫職転々,バス運転手妻→夫死亡,3人子持ちの

第5章 祖父母のライフヒストリーから見る北海道の歴史

シングルマザー→女の手仕事の業界で家計を支える。

　村田敬さんの祖母の丸山（旧姓川村）栄子は1935（昭和10）年8月，北海道雨竜郡に7人きょうだいの2番目として生まれた。父親は馬に蹄鉄をつくる仕事をしていた。馬は当時，農耕や運輸の花形で，人々にとっては身近な存在であった。栄子の子どもの頃の記憶として残っているのは，戦争のことが大半を占めている。9歳のときの1944（昭和19）年，父親が出征し，女子供，老人だけが残された。母親は子ども7人を育てるために，朝から夜まで働きに出た。そのため，日々の家事や幼いきょうだいの世話をするのは，栄子を含む7人きょうだいの上の年齢のものの仕事であった。栄子が学校に行くときも，3番目の弟を背中に負ぶって行かざるをえなかった。戦争中は，食べものがなく，栄子も常時空腹を抱えていたが，幼い弟が母乳を求めて泣いたり，オムツを替えてほしいと泣いたりと，栄子はとても小学校で授業が受けられる状態ではなかった。泣いている弟を栄子はどうすることもできず自分が泣いてしまったこともあった。あの時の情けなくも惨めな気持ちはいまでも忘れられない。家に戻っておやつを食べようにも食べ物はなく，カボチャを炊いて食べたが，いまのカボチャに比べれば甘くもなく，おいしいものではなかった。

　米を炊く以外の鍋は，すべて戦争のために供出させられた。日本の敗戦となる1945（昭和20）年の夏は，北海道は稲も実らないような寒い夏だった。栄子のおじたちも昭和20年に出征させられたが，すぐ戻ってきた。日本が敗戦したからであったが，なぜおじがすぐ戻ってきたのか，10歳の栄子には不思議でしかたなかった。あとで，召集されるも配置されることなく敗戦を迎えたのだと知った。

　戦争に負けた日本には，着る物も食べる物も十分にはなく，毎日がモノ不足と食料不足の地獄のような苦しい日々であった。学校に行こうにも，靴がないので行けなかった。だから栄子には学校にまともに通ったという記憶がほとんどなく，戦争が原因でつらい経験をしたという記憶がほとんどであった。出征した父は帰ってこなかった。

　昭和35年，25歳のとき，栄子は丸山俊夫と結婚し，丸山姓となる。一家は北

海道夕張郡で暮らすことになった。俊夫は仕事をよく変える人だった。はじめは王子研究所に勤務していたが，すぐに夕張バスの運転手に転職した。丸山家の本家は，畜産業を営んでおり，栄子も俊夫もその手伝いによく行かされた。

昭和36年に長女，38年に長男，40年に次女が生まれ，3人の子宝に恵まれた。しかし，昭和52年，下の娘が小学校も終わらないうちに，俊夫は病気で他界，栄子は3人の子どもを育て上げるために，ふとん屋で本格的に働き始めた。ホテル，旅館，病院のふとんなども作っている店で，忙しかった。ボーナスで娘の嫁入り道具のたんすを買ってやったのが自慢。現在は野菜や花をつくってのんびりとした老後を暮らしている。

解題： 北海道の産業転換の歴史があぶり出される語りである。まず生業が馬の蹄鉄づくりの子だくさんの家から，30代半ば過ぎの父親が出征させられ，一家は極貧に突き落とされる。おかげで栄子はろくに学校にも通えなかった。一家の大黒柱を失えば，何の保障もなく，残された家族が極貧にあえぎ，一番のしわ寄せが子どもに来るのかがよくわかる。

戦後も物不足であったし，貧困のなか栄子は教育も満足に受けることができなかった。成長して結婚した当時は高度経済成長期のまっ只中であった。結婚相手は，当時石炭産業で隆盛を極めていた夕張で勤め，関連産業で働くことになった。結婚相手の実家は畜産業で，これも北海道の地場産業である。昭和30年代（1955〜1965年）といえば，日本の乳製品消費がうなぎのぼりで増えたころとも重なる。栄子は40代で夫に死に別れ，ふとん製造業で働き，3人の娘を育て上げる。ふとんの需要があったのは，日本の高度経済成長期において豊かになったいわゆる「内地」の日本人による北海道旅行ブームが沸き起こっていたからにほかならない。また，ふとん製造という仕事があまり学歴を必要とせず，謹厳実直さと女性の手先の器用さを求めるジェンダー化された仕事であったことも栄子には幸いした。彼女のライフストーリーには，戦前戦後，そして高度経済成長期と厳しい時代の荒波を泳ぎきった一人の人間としての強さを読み取ることができる。

第5章　祖父母のライフヒストリーから見る北海道の歴史

■ 樺太生まれ，引き揚げ者

　　1933年樺太生まれ。養女→敗戦→2年間ロシア人のもとで働く→苫小牧へ引揚→炭焼き業の男性と結婚→山の生活→造園業。

　岡田礼子さんの祖母の澤田（旧姓倉吉）敦子は，1933（昭和8）年に樺太（現在のサハリン，1905年から1945年まで日本の植民地）で生まれた。あまり樺太時代と戦争の話はしたがらなかったが，大学の課題なのでしぶしぶ孫に話したのは，以下のとおりのライフストーリーである。

　敦子は樺太のS村で誕生した。S村は，樺太の西海岸の港町から坂を10キロぐらい越えたところにある。敦子は倉吉家の養女であったが，事情があり実子として登録されていた。日本が太平洋戦争（1941～1945年）に突入すると，食料が減るようになった。やがて月に数回ぐらいしか配給がなくなり，敦子は育ち盛りなのでいつもひもじい思いをしていた。戦時中は，防空壕を掘る仕事をさせられたり，身を守るための訓練をさせられたりしてあまり勉強できなかった。空襲警報も非常に怖いものだった。

　小学校5年生の夏（1945年），いきなりロシア人が攻め込んできた。義父母と共に山に逃げて，自分たちの住んでいる村にロシア人が攻め込んできたのを山の上から見ていた。もういなくなったと思って家に戻ると，村はソ連軍に完全に占領されてしまっていた。

　それから2年間ロシア人の支配下で子どもながら露天で果物を売ったりして生活をしのいだ。その2年間も戦時中と同じようにとてもつらいものだった。学校も行けなかった。

　ある日突然，ロシア人から「帰りたいか」と聞かれ，帰国船が出て北海道にようやく帰り着いた。実の母は戦時中に事情があって北海道に戻っていたが，敗戦後，北海道と樺太の音信は途絶えていたため，都合2年以上実母と敦子とは生き別れになっていた。そのため，ずっと実母は北海道で敦子の帰りを今か今かと待っていた。再会できたときの安堵感と喜びといったらなかった。

　敦子の実の両親は苫小牧で大きな牧場を経営しており，戻ってきた敦子は毎

第Ⅱ部　過去にさかのぼってみましょう

日牧場の手伝いをするようになった。手伝いのなかでも怖かったのが，大きな牛の死体がぶら下がっているところにモノをとりに行かされることであった。

1954（昭和29）年，21歳のときに，山で炭焼きをしていた澤田義男と結婚した。山での生活は，ねずみや蛇がたくさん出て大変なものだった。長女が小学校に上がるころ（1960年頃），山から小学校に通わせるのは難しいので，炭焼きの仕事を友人に任せ，山を下りた。山を下りても，炭の原料の木材を山に運び，また炭を山から下ろし，朝から晩まで夫とよく働いた。

やがて炭の時代が終わったので，敦子と義男は造園業を始めた（1960年代後半）。造園業では50人ぐらいの従業員がおり，敦子はその人たちの食事づくりで大変であった。その造園業を約30年間続け，仕事をやめたのは1997年のことであった。

　　解題：　北海道と樺太の関わりは深い。樺太の南半分が日本の植民地になったのは，1905年のことである。このころには北海道の開拓がほぼ終了していたので，いわゆる北の大地への後発組の開拓者が樺太をめざすことになる。しかし，念願の米作は冷涼な亜寒帯の気候ゆえできなかった。多くは漁業や製紙業，収奪的な林業や，鉱業，工業，軍隊，官公庁（警察，役所，学校関係，郵便，船舶），鉄道業等に従事していた。先住民は戦略的に北方の国境近い一か所に集められていたので，日本人と出会うことはほとんどなかったし，ロシア人もほとんどいなかった。それゆえ，日本の無条件降伏以降に攻め込んできたロシア人を中心としたソ連軍は住民に大きな恐怖を味わわせた。日本に帰れるかどうかも不明のまま不安な時を過ごし，とくに敗戦時に子どもであった人には教育や帰国の機会を逸したものも多い。それゆえ，幸いにして帰国した後，経済的にも社会的にも不利益をこうむったものが多かった。生きるためには重労働が待っていた。このケースは炭焼きであった。木炭は燃料として，1960年代まで家庭で暖をとったり煮炊きをしたりする火鉢で多く使われた。しかし，その製造は労働集約的なものであった。1960年代半ば，木炭は都市ガス，LPガスや灯油が家庭へ普及するとともに家庭燃料としての役割をほぼ終えた。敦子の一家はエネルギーの交代をともなう高度経済成

第5章　祖父母のライフヒストリーから見る北海道の歴史

長にあわせて，造園業を営むことで一息をついたが，その造園業とて，肉体労働であったことは間違いない。

■ **大正生まれの女性でアパート経営者**

　1922年福島生まれ。養女として北海道に移住→軍馬の連行→戦争終結→洪水→札幌でアパート経営。

　村川勇樹さんの曾祖母の新村エツは，1922（大正11）年に福島で生まれた。父親は商店を営んでおり，8人きょうだいという大家族であった。エツはきょうだいのうち上から3番目であった。エツが8歳のとき，父がガンで亡くなり，エツは10歳のときに北海道の石狩地方に住むおばの家に里子（養女）に出された（1932年）。そこでは，主に農業を行っており，かなり広い土地を持っていた。農耕用の馬や豚，鶏など家畜を育てながら暮らしていた。学校は，高等小学校まで行ったが，高等女学校は遠いのとお金がかかるので行かなかった。
　22歳のとき（1944年），札幌出身の音吉を婿養子にして結婚した。この結婚では2男3女に恵まれた。結婚当時は戦争中であったが，相手の音吉は肺病（肺結核）をわずらった経験があったので，徴兵を免れた。彼は戦争には行かなかったが，農耕用に飼育していた馬が戦争のために連れて行かれた。そのおかげで広い農地を抱えて農作業はおおいに不便になった。
　敗戦後，しばらく農作業をして暮らしていたが，今度は石狩川が氾濫して洪水となり，畑は荒れ，家畜小屋などの建物も損壊してしまった。そのため，エツと音吉は土地を売り，音吉の生まれた札幌に引越した。これが，日本の高度経済成長が軌道に乗り始めた1961（昭和36）年のことである。
　この頃の札幌は，畑も多く，道を馬が走っていた。札幌では，アパートを建てて大家として家を貸して暮らし，そのかたわらで農作業を続けていた。1978（昭和53）年，音吉は58歳のときガンで亡くなったが，その後，エツは10年ほど一人暮らしをしつつアパートを経営していた。現在は，長男夫婦と暮らしている。

解題： 戦前は，子どもがないイエ（家）では親戚の子どもをもらってきて養子養女とし，跡取りとするのが一般的であった。またエツの父親が亡くなったので，親戚が子どもを引き取ったものと思われる。当時の社会状況から考えて，エツの養父母となったおば夫婦は福島県出身の開拓1世と思われる。当時の農業は機械化も進まず，牛馬による農耕が頼りであったが，その馬すらも戦争で供出させられて帰らず，農業生産に支障をきたしたことがわかる。戦中戦後の食料難は，このような原因もあった。さらに追い討ちをかけるように洪水によって農業生産に支障が出て，高度経済成長期，エツの家族は農地を売り，札幌でアパート経営に乗り出す。産業が農業中心の第一次産業からサービス業の第三次産業に転換する時期とも重なる。

3 男性のライフヒストリー

男性の話を聞いてきた学生は比較的少なく，全体の3割程度であった。男性のほうが，北海道中を仕事を変えつつ転々としているケースが多い。それは，男性のほうが家族を養わなければならない，という社会に染み付いたジェンダー観に縛られているからであろう。しかしながら，苦労を重ねつつも，大学生の孫にライフストーリーを語ることができるまで長生きできたという意味では，近代北海道の発展を支えた原動力のような方々の話が集まった。

■ オホーツク沿岸漁師息子，最愛の妻の介護

1932年オホーツク沿岸生まれ。漁師手伝い→消防署→結婚→スキー板工場→妻難病，介護→脳内出血。

武藤北斗さんの祖父の曽田（旧姓新田）博は1932（昭和7）年，9人きょうだいの2番目としてオホーツク沿岸のＸ町に生まれた。子どもの頃から頑固で負けず嫌いで，いつも喧嘩ばかりであったという。生まれたのは先代からの漁師の家で，男兄弟は子どもの頃からみな漁を手伝った。サロマ湖は，ホタテやホッ

第5章　祖父母のライフヒストリーから見る北海道の歴史

カイシマエビなど多くの新鮮な魚介類が獲れる。そのため食べ物は良かったが，11人という大家族なので家計は裕福というわけにはいかなかった。それでも家族の団欒（だんらん）が暖かく，みなで食事をとるということに幸福を感じていた。

博が中学を卒業し就職したのは戦後まもなくのことで，消防署に勤めることになった（1947年）。頑固だが責任感の強い博にはうってつけの仕事だった。しかし，数年間消防署で働いたけれども，一人暮らしができるほどの給料は出ず，実家から仕送りを受けてやっとの思いで生活ができるというあり様であった。

実家からの見合い話を受けて，曽田洋子と結婚し，曽田家に婿養子に入った。結婚後，消防署を退職し，洋子の家族が経営していたスキー板工場で妻と共に働くことになる。3人の子どもを授かり，家族5人暮らしとなった。生活も安定した。これが1960年代の高度経済成長期のことである。ところが当時の博は，酒を飲んだら手をつけられないぐらいのところがあり，酒が入るたびに親戚と殴りあいの喧嘩をしていたという。これは，本人が漁師の家庭出身で飲酒の習慣があり，酒と親和性があったということと，婿養子ということの引け目や，不本意な仕事をしているという不満が酒席での暴力というかたちで爆発したものと思われる。それを必死に止めていたのは，洋子であった。

その洋子が55歳のときに，原因不明の膠原（こうげん）病にかかり，長く厳しい闘病生活を余儀無くされた。博は献身的に洋子を看病したが，洋子は70歳で亡くなった。博72歳の頃のことである。将来のためにと長男が二世帯住宅を建ててくれていたが，その新しい家が完成する前に洋子は亡くなった。2015年，博は脳内出血で倒れた。一命は取り留めたが，言語障害と半身不随が残った。

解題：　北海道の地場産業である漁業を営む，大家族のなかで育ち，跡継ぎでないゆえ中卒で薄給の消防士となる選択をした男性のライフストーリーである。この男性は漁業に携わるべくオホーツク沿岸に移住した和人の2世であると思われる。昭和初期の漁業のにぎわいが反映された家庭環境で育ったことがわかる。結婚後婿養子となり，高度経済成長期にブームとなったスキー産業の一環であるスキー板製造に携わる。この当時のスキー板は現在のようなアクリル板でなく，木製で手作業が多く，家内工業的性格を持ってい

た。入り婿として肩身の狭い思いをしたゆえ，酒の力を借りて暴力を振るうこともあった。

■ 戦争による混乱，母死亡，トラック運転手，公務員，息子死亡

1937年胆振生まれ。母，軍需工場で死亡→養子で石狩へ，農作業→高卒後トラック運転手→息子成人し結婚するも病死→忘れ形見の孫の支援。

木村俊哉さんの祖父の下原幸三は1937年1月に北海道の胆振地方A村で生まれた。3人きょうだいの末っ子であった。生まれて1年たった1938年に父親は病死してしまった。その後は戦争による徴兵の影響もあり，身内のほとんどが離ればなれとなってしまった。そんななか，幸三の母親は敗戦2日前の1945年8月13日に亡くなってしまった。それは，勤労動員で働いていた軍需工場で，休憩中雨宿りをしている際に，組んでいた足場が崩れ，その下敷きになったからであった。母親もなくした幸三は，小学校3年生の時に，石狩の農業を営む親戚の家に引き取られた。すでに戦後となっていたが，小学校，中学校と農作業を済ませてからでないと学校に行かせてもらえなかった。そのため，勉強はあまり得意ではなかった。その家の実の子どもたちは，家の手伝いをせずに学校に通っており，何度も悔し涙に明け暮れた。高校にも通うことができなかった。

20歳まで農作業を手伝いながら石狩にいたが，苫小牧のおじの紹介で，大手運送会社のトラック運転手の職に就くことができた。1957年のことである。そこで3年働く間，おじのもとに身を寄せていた。その後，苫小牧市役所のトラック運転手に転職，1963年，26歳のときに結婚，3人の子宝に恵まれた。公務員となってからは順風満帆のように見えたが，定年の年に末っ子の息子が21歳の若さで病死，言葉にならぬほどの衝撃を受け，憔悴しきった。しかし，息子が孫を結婚相手に忘れ形見として残したので，その孫の援助を惜しみなく行った。現在は退職後も5年続けた仕事も退職し，孫たちの成長を楽しみにしながら生きている。

第 5 章　祖父母のライフヒストリーから見る北海道の歴史

解題：　幸三の子どものときに，両親が相次いで亡くなった。最愛の母の死亡原因は戦争であった。母は間接的な戦死者であり，幸三は広い意味での戦争孤児ともいえる。孤児となった幸三は戦後の混乱期に，親戚の家で差別に耐えつつ辛い農作業を行いながらも，生き抜く道を探っていた。高度経済成長期に入った頃，北海道でも道路の整備が進み，トラック運転手という仕事の需要が大幅に増えた。それにより，大型免許を持つものが重用され，結果的に安定した公務員になることもできた。産業構造の転換でいえば，第一次産業から第三次産業に一挙に転換していくことになる。

■ 農家，兵士，農家，解体工事

1921年札幌郊外生まれ。屯田兵子孫→大日本帝国陸軍兵士→農家→解体工事。

上原信一郎さんの祖父篠原新は1921（大正10）年に現在の札幌市北区に生まれた。先祖は福岡藩出身の士族で，明治初期に屯田兵として入植したという。新は祖先（おそらく2代前）が北海道に入植したときに建てた家で生まれた。家業は農家だったので，新も農業を継いで従事していた。当時の家は大きく，畑も広大であった。米が主だが，その他，野菜，果物，豆類などさまざまなものを作っていた。家には馬小屋があり，馬を飼っていた。馬を使って耕作をし，荷物運びにも使っていた。その他，鶏を飼って卵をとり，羊を飼ってその毛で衣服をつくり，猫を飼ってネズミよけにしていた。猫は現在のような愛玩動物というよりは，畑のネズミ害を防ぐための同志のような存在であった。

第二次世界大戦中，新は徴兵され陸軍兵士となった。20歳のときである。実際には輜重兵（しちょうへい）（後方物資運搬担当）で，水，食料，武器，弾薬，資材などの輸送任務に就いていた。それで前線で戦死せずにすんだ。行ったのは中国戦線である。

敗戦後，北海道に引き揚げて結婚した。結婚相手も札幌の人で，新の故郷である札幌郊外の農場で戦後も夫婦で農業経営を行った。作った米と野菜は農協

に出荷していた。1970年代，新夫婦が50代になると，農業経営に見切りをつけて農場を処分，札幌郊外にあった親戚の解体工事会社に就職し，近くで小さな家も求めた。隣では野菜や果物をつくっていた。

解題： 大正9年，10年，11年生まれの男子は，第二次世界大戦中一番の犠牲者になっている世代である。そんななかで，大正11年生まれの新は，徴兵されるも輜重兵であったことと，農業で培った逞しい身体のゆえか，また強運ゆえか生き残って戦後結婚し，子孫を残すことができた。屯田兵の子孫として，札幌郊外という比較的条件のよい土地を耕すことができた，という経済上の優位性もあった。もっとも，そんな新でも，農業が経済発展とともに優位性を失うと，離農し第二次産業に転換していく。しかしながら，この屯田兵をルーツとする上原家の歴史を見てみると，北海道の近代史そのものをなぞっているという印象が強い。

紙幅の都合で，ライフストーリーすべてを挙げることは難しい。しかし，以上のいくつかのケースからも，1990年代後半生まれの学生のほんの2世代前は，戦争，貧困，個人の自由を制限するイエ制度の弊害，養子差別，不十分な教育，社会福祉の不備，公衆衛生の不備等が当たり前であったことを垣間見ることができる。そして，北海道の地で，戦後の高度経済成長のうねりのなかで，それらの問題が構造的に解決されていったからこそ，学生たちが現在，大学生となって勉学に励んでいられることもわかる。2世代前，20歳前後の学生の祖父母たちは，ほぼ全員労働者として働いていたこともわかる。

ここでは挙げることはできなかったが，祖父が土木関係，あるいは建設関係の仕事をしていたからこそ，その姿に感銘を受けて，結局工業大学に進学することを選んだ，という学生も多い。北海道は開拓使以来，豊かな土地や資源を活かすことができる開発の島であるからこそ，このように世代を超えた職業の継承もなされている。その意味では，祖父母が厳しい時代と過酷な自然に立ち向かってサバイバルし，小さな努力をこつこつと続けたからこそ，学生たちの今日がある，といっても過言ではない。

第5章　祖父母のライフヒストリーから見る北海道の歴史

　ただ，数ある北海道出身者の祖父母のライフストーリーにも先住民アイヌのことが記憶されていない。それは，昭和ひと桁，10年代生まれの祖父母たちにとって，アイヌはすでに「滅び行く民族」として認識の枠組みの外にあったことも大きいであろう。また，学生の祖父母の生活自体が厳しかったことも関係するであろう。また，アイヌのルーツを持つ学生が大学に進学できていない可能性や，ルーツがあったとしても孫に語りたがらない，という可能性も否定できない。その意味では，北海道の先住民の問題は，3世代以上にも渡って不可視の問題であり続けた。このことが先住民問題の解決を遅らせている一因であると思われる。

☞ 発展学習のための案内

〔行ってみよう〕
北海道博物館：　野幌森林公園にある博物館。アイヌ文化や先史時代，開拓時代のことなども網羅的に学ぶことができる。戦前に使われていた生活用具などの展示も豊富である。
北海道開拓の村：　野幌森林公園にある北海道100年を記念して作られたテーマパーク。開拓当時の家や，馬車などが再現されている。本章のライフストーリーで描かれているような情景を垣間見ることができる。
旧北海道庁旧本庁舎（赤れんが）2階樺太関係資料館：　南樺太における日本人の生活がわかる展示がされている。戦時中の動員や，ソ連侵攻，引き揚げに関する資料も豊富である。

〔読んでみよう〕
　読売新聞北海道支社編，1977，『語りつぐほっかいどう100年（第1集，第2集，第3集）』太陽.
　永井秀夫編，1998，『近代日本と北海道──「開拓」をめぐる虚像と実像』河出書房新社.

【松本ますみ】

【コラム④】 アイヌ遺骨問題と北海道大学

　なぜ，どういう理由で北大はアイヌに無断でお墓を掘り起こしたのですか？　そのお骨を，北大はどのように使ったのですか？　遺骨が眠っていた杵臼コタンの墓地に，遺骨を元通りに戻してほしいのです。

　これはアイヌ民族の女性，城野口ユリさんが法廷で北海道大学（以下「北大」という）に向けて発した声である。城野口さんは，このほかにも「副葬品」の所在を解明し返還すること，損害賠償・慰謝料のかたちで謝罪の心を示すことを訴えた。

　城野口さんは北海道浦河町の杵臼コタンで1933年に生まれた。コタンとはアイヌが自治的に共同生活をするコミュニティである。城野口さんの母は，北大医学部の研究者に祖先の遺骨がコタンの墓から無断で持ち去られたことを悔やみ，娘に取り戻すよう遺言のように言い残した。同コタン出身の小川隆吉さんと共に北大総長との対話を求めたが拒まれ，2012年9月に北大を相手に訴訟を起こすに至った。

　なぜ北大の研究者はアイヌの遺骨を持ち去ったのか？　80年以上前に遡る。北大医学部解剖学教室の教授（山崎春雄，児玉作左衛門）が，アイヌの頭骨を用いて研究を始めた。その背景には「人種主義」があった。人類というひとつの種を，身体的特徴によって複数の「人種」に分け，それぞれの間に優劣の差があるとする考え方である。それは欧米や日本による植民地支配を支え，またナチスのユダヤ人迫害などの背景にもなった。第二次世界大戦後の1950年にユネスコは「人種は社会的神話」とする声明を発し，人種主義を否定した。しかしその後も北大研究者によるアイヌ人骨の「収集」は1970年代初頭まで続き，最終的に1,000体を超す遺骨が学内に集められた。人種主義という間違った前提にもとづいて行われた研究であるから，たとえば児玉教授は，アイヌは「ヨーロッパ人種に似ている」といった根拠のあいまいな結論しか導きえなかった。

【コラム④】　アイヌ遺骨問題と北海道大学

城野口さんらアイヌの当事者は「盗掘」だったと指摘する。北大による報告書（『北海道大学医学部アイヌ人骨収蔵経緯に関する調査報告書』2013年）によると一部承諾を得た発掘もあったようだが，収蔵経緯「不明」が大多数で「盗掘」の可能性を排除できない。研究倫理の点で大きな問題が残る。

先住民族は「強国」によってその土地，資源，文化が一方的に奪われ，支配の対象とされた。植民地化である。先住民族の遺骨の収奪もこの文脈で行われた。しかし

写④-1　医学部の駐車場に隣接して立つ北海道大学アイヌ納骨堂
出所：筆者撮影

先住民族の権利意識と共に，近年遺骨返還の動きが高まっている。2007年採択の「先住民族の権利に関する国連宣言」にも，遺骨返還の権利が盛り込まれている。アイヌ民族が生活の場として来た土地は，1869（明治2）年に日本政府により「北海道」と一方的に名づけられ，「開拓」と称する植民地化が進められた。とくに北海道で暮らす「和人」は，この足元の歴史と先住民族の権利回復が進みつつある世界的な潮流を認識する必要がある。

北大医学部はアイヌの要求に押され1984年に「アイヌ納骨堂」を建てた（写④-1）。一方，当時返還された遺骨はごく一部で，発掘の経緯の解明と説明も不十分であった。アイヌ人骨を研究目的で集めたのは全国12大学で，個体が判別できるのは計1,636体に及ぶ。国のアイヌ政策推進会議が2014年6月に示した返還ガイドラインでは個人が特定できる23体のみ，その「祭祀承継者」に返還し，その他は国が白老に建設予定の「民族共生の象徴となる空間」に集約することになっている。それに従えば，たとえば城野口さんの祖先の遺骨は，北大の研究者が記録を残さなかったため個人が特定できず，返還されないことになる。裁判ではまさにその点が争われた。2016年3月に札幌地裁で和解が成立

第Ⅱ部　過去にさかのぼってみましょう

写④-2　浦河町杵臼の再埋葬行事でイレスフチ・カムイノミを司る葛野次雄エカシ

注：イレスフチ・カムイノミとは、火のカムイに捧げる儀礼のこと。
出所：筆者撮影

し、同年7月に北大から浦河町杵臼に11体および個体が特定できない1箱分の遺骨が返還された。しかし城野口さんはすでに前年に亡くなっており、この知らせを聞くことは叶わなかった。7月15日から17日の3日間に渡り、アイヌプリ（アイヌ式）によるカムイノミ（カムイへの祈りの儀式）、イチャルパ（祖霊祭）、再埋葬が執り行われ、遺骨＝祖先は80数年ぶりに故郷・杵臼の地へと戻った（写④-2）。この出来事はアイヌ民族の先住権回復の里程標として歴史に刻まれるであろう。

　この一連のプロセスをどうよりよいものにできるだろうか。大学は「当事者」の声をまず聴くべきである。そして誠実に対応すべきである。ここで当事者とは自分の祖先の遺骨を持ち去られ、その返還を願う人である。言い換えると当事者との「対話の場」が求められる。また大学が他者の視点から歴史を捉える柔軟性を持ち、自己の歴史に過ちがあれば率直に反省し謝罪することが非常に重要である。人々を軽んじ傷つけてまで行われる研究に価値はない。アイヌ遺骨問題は、大学がより「人間的」に変わるために与えられたチャンスである。いのちを敬い、他者と尊重しあえる大学に変わることができるかどうか、いま問われている。

【小田博志】

【コラム⑤】 父と沖縄戦と平和

　1916（大正5）年生まれの筆者の父は沖縄戦の生き残り。悲惨な沖縄戦を生き延びて帰還したことが本当に父にとって幸運なことだったのか，父の享年に近くなったころから息子である筆者は，こう疑問に思うようになった。北海道から沖縄戦に送られた兵隊は，11,000人。うち生きて帰ってきたのはわずか1,000人である。

　父はまず初めに中国大陸に送られている。その後沖縄へと送られる。日本で唯一，地上戦が住民を巻き込んで行われた沖縄での戦場体験。他の体験者同様に，父も戦争の多くを語ろうとはしなかった。それでも断片的に子ども心に聞いた彼の話は悲惨だった。

　戦闘で被弾し，歩けなくなった父はひめゆり学徒隊の世話になる。戦況の悪化で野戦病院が移動するとき，動けない兵隊たちに青酸カリ入りのミルクを飲ませる「処置」が行われた。負傷した兵隊たちが，次々とミルクを飲んで息絶えていくなかで，父はそれを飲み込むことができなかった。このことが後々，彼を苦しめることになる。生きて帰ったことそれ自体，罪深く思われた。

　殺処分を「生きようという希望」で拒否した彼は，遅れて部隊を追う。足を負傷し，這っての移動だ。傷口にウジがわき，食料も水もなく，そこら中に兵隊や住民の悲惨な屍（しかばね）が転がっている。若い女性がはらわたを出したまま，「兵隊さんお水ください」とうめき声をあげている。ついさっきそこにいた同僚の兵隊が砲撃で跡形もなく吹き飛ばされ，ばらばらになって木の枝にぶら下がっている。助けることも助かる見込みもないまま，父は南をめざした。

　やがて彼は砲弾で掘られた大きな穴に落ちてしまう。底に水が溜まり死体もある。負傷した身ではとても這い上がれない大きな穴だった。ここが最後，と覚悟したという。

　やがて夜が来て辺りが暗くなると，聞き覚えのある声が聞こえてきた。沖縄戦では，日本軍は住民をにわか兵隊として召集していた。聞こえてきたのは父が関わった住民兵士の声だったという。父は必死にその人の名前を呼んだ。そ

の人は気づいてくれた。もうその人の名前は筆者の記憶にはないが，その人が父の命の恩人である。「藤岡さんだから助ける」とその人は言ったという。必ず助けに来るからこれを食べていてと，にぎりめしを父親の手に渡してくれた。まもなく父はその人に助けられた。

　沖縄戦では，多くの住民が日本兵によって殺されている。スパイ容疑や食料や避難壕（ガマ）の略奪を巡って，あるいは乳幼児の泣き声が敵に聞こえる，などの理由でだ。そんななかで，沖縄人が日本軍の兵隊を助ける行為などありえない，とこの話をしたときに沖縄の平和運動家から聞かされた。父は他の兵隊たちのように住民を訓練するのに「ビンタ」をしなかったという。家が近い住民には朝までに帰ってくるように，と言ってこっそり帰したりもした。父は自分の沖縄住民に対する行いが少しだけ人間的だったことから自分が助けられたのだ，と信じたまま亡くなっていった。

　その父が重い心臓病で亡くなる今際の際に，のぞき込むわたしたち家族に言い残したのは「どいてくれ，戦友たちが迎えに来た」という言葉だった。このことに象徴されるように，平和な生活の節々で思い出される悲惨な体験は死ぬまで彼を苦しめた。ふとした拍子にフラッシュバックする戦場体験。父の様子の変化にわたしたち家族も同様に苦しんだ。部屋の隅で小さくなって父の豹変をやりすごすわたしたち。それが何の苦しみなのかも解らないままだった。ポストトラウマ症候群，いまならわたしたち家族も理解ができる。

　こういう家族のありようは生きて北海道に帰ってきた他の1,000人についてもいえるのだろう。加藤陽子（東京大学大学院教授）『戦争の日本近現代史』（講談社）によると，日清戦争から太平洋戦争までの50年間，日本はほぼ10年に一度戦争を体験している。その都度戦場体験をした膨大な数の若者たちが復員して故郷へ帰り，家庭生活をしてきたことになる。これが復員後の生活に大きな影響を与えなかったはずはないだろう。それはある意味，日本社会に内包される暴力性や非民主主義性，あるいは悲惨な体験への共感や理解がなかなか広がらないことが，延々と今日までつながっている原因のひとつかもしれない。すなわち，暴力の後遺症が日常化してしまったということだ。

　そう考えると，戦場体験者のポストトラウマの解明がいまの安保関連法（戦

【コラム⑤】 父と沖縄戦と平和

争法）に反対する対抗軸のひとつとしても，問われているように筆者は思っている。

【藤岡登】

【コラム⑥】　イスラエル／パレスチナ問題から考える北海道：植民地支配・占領という共通点

　1948年5月，中東にある地中海沿岸のパレスチナ（1920年以後の英国の委任統治領「歴史的パレスチナ」のこと。現在のイスラエル，東エルサレムを含むヨルダン川西岸地区，ガザ地区を指す）のなかで，その後のこの地域を大きく揺るがすことになる大事件が起きた。「ユダヤ人」国家イスラエルが誕生したのである。

　歴史的パレスチナは委任統治という名目で英国の植民地支配下に置かれてきた。しかし，アラブ地域における自らの覇権を確立するために，英国は先住民のパレスチナ人（宗教にかかわりなく，代々この地に住んできたアラブ人のこと。現在的にはムスリム（イスラーム教徒）やキリスト教徒のアラブ人を指す）やヨーロッパ各地から移住してきたユダヤ人に対し，将来の独立に関しそれぞれ異なる約束をしてきたため，ついには双方から大きな不信を買うことになった。

　1947年11月，委任統治領をユダヤ人国家（56％），アラブ人国家（43％），国際管理地区（1％）に3分割することを決めた国連パレスチナ分割決議が採択された。パレスチナ人が委任統治領全人口の約7割（約130万人）を占めるにもかかわらず，国土としての割り当てを少なくするという不公平なものであった。同決議採択直後から，ユダヤ人国家の建国をめざすシオニスト民兵たちは住民を追放または虐殺するために，パレスチナ人の町や村を襲撃する軍事作戦を開始した。その最中の1948年5月14日，英国よる委任統治が終了し，即日にイスラエルが新生国家として独立を宣言した。

　建国の翌日から，イスラエルと周辺のアラブ諸国との間で第一次中東戦争が勃発した。これらのアラブ諸国は，1949年7月までに個別にイスラエルと休戦協定を結ぶが，結果的に歴史的パレスチナのうち，東エルサレムを含むヨルダン川西岸地区はヨルダンに併合され，ガザ地区はエジプトの軍政下に置かれた。残りが現在のイスラエル領（歴史的パレスチナの77％）となった（図⑥-1）。建国後もシオニスト民兵によるパレスチナ人の追放作戦は継続され，第一次中東戦争休戦までに70万とも80万ともいわれるパレスチナ人が難民となった。まさに民族浄化そのものであった。現在のイスラエルには，運よく故郷からの追放を

【コラム⑥】 イスラエル／パレスチナ問題から考える北海道

図⑥-1　パレスチナ周辺図

著作者：現代企画室『占領ノート』編集班／遠山なぎ／パレスチナ情報センター

免れたパレスチナ人や，偶然にも追放後の避難先が現在のイスラエル領内にあり，そのまま残ることができたパレスチナ人が住んでいる。これらの人々（＝イスラエル・アラブ）はイスラエル国籍を付与されているが，法的にも社会的にも二級市民として差別的に扱われている。

　イスラエルは，1967年6月の第三次中東戦争の結果，東エルサレムを含むヨルダン川西岸地区とガザ地区を占領し，これにより歴史的パレスチナ全土を支配下に置いた。それ以降，これらの被占領地に住むパレスチナ人（難民を含む）は，土地その他の資源の収奪，低賃金労働者としての利用，抵抗者の長期拘束や拷問，家屋破壊，鎮圧等からなる過酷な占領政策により人権を著しく侵害されてきた。その状態が20年以上継続した後の1990年代前半，一連の「オスロ合意」が締結され，被占領地の一部にパレスチナ自治区が誕生した。しかし，それはパレスチナ人を解放するどころか，むしろ植民地主義にもとづくイスラエルの支配を強化するものにほかならなかった。

　もしもイスラエルが建国の過程でパレスチナ人を追放することなく，その地に住むすべての人々を平等に扱う国家として樹立されていれば，その後のパレスチナの状況は現在とはまったく異なる様相を持つものとなったであろう。しかし，そのような考え方はもとより存在しようがなかった。なぜならイスラエルの建国の背景には，ヨーロッパにおける反ユダヤ主義と高まるナショナリズムの影響を受けた「ユダヤ人国家」の建設という発想（シオニズム）があり，加えてヨーロッパから排出されたユダヤ人が建設する国家をアジアにおける対ヨーロッパ防波堤にするという帝国主義的かつ植民地主義的な目論みがあったためである。それゆえに，ユダヤ人ではない者，すなわちパレスチナ人がイスラエル建国の過程で追放の対象とされたのである。

　イスラエル／パレスチナ問題の歴史的背景には，国際社会の動きと呼応した不正義が積み重なっている。ではこの歴史的不正義という問題は，イスラエル／パレスチナに特化されたものなのであろうか。そうではない。北海道の成り立ちと比較するとき，両者の間にある明確な共通点を見出すことができよう。先住民のアイヌが住んできたアイヌモシリ／北海道とは，大日本帝国の植民地政策の一環として日本に併合された地である。そのなかで和人が導入される一

【コラム⑥】 イスラエル／パレスチナ問題から考える北海道

方，文化と密接に結びついたアイヌの生活手法が否定され，コミュニティが破壊されてきた。この歴史を考えるとき，イスラエルのユダヤ人と和人，パレスチナ人とアイヌの姿が重なって見えてくるのである。

【清末愛砂】

第III部

わたしたちの未来はどうなるの？

第6章 戦争の文化から平和の文化へ

1 はじめに

　本章では，文化をキーワードにして北海道と平和の関係について考えたいと思う。北海道で生きるわたしたちが，あえて平和について考える意味はあるのだろうか。北海道で戦争が起きているわけではないのだから，普通に生きてさえいればあえて平和について云々考える必要はない，という意見もあるかもしれない。ただ，少なくとも本書の他の章を読んでくれた読者なら，《戦争さえなければ北海道は平和である》とは言い切れないということを，わかってもらえたであろう。ここでは，戦争と平和のわかりやすい区別よりむしろ，もう少し深くて見えにくいところにまで考えを進めて，北海道で平和について考える意味を示したい。

　まず，一般的に「戦争」と呼ばれる武力紛争の性格が，四半世紀ほど前から変わってきたと言われていることを確認しよう。国際関係論という学問領域では，1990年代以降は「ポスト冷戦期」とか「冷戦後」などと言われる。アメリカ合衆国対ソビエト連邦の「冷たい戦争」が終わったこの時代，自由主義・資本主義と共産主義のイデオロギー対立に代わり，宗教・民族・伝統など，人間が生まれ持った違い（差異）をめぐる争いが目立つようになった。武力紛争の形態が国家間の戦争から内戦・紛争へと変わり，その担い手も正規の国軍から非正規の武装勢力やテロ組織へと変わった。また，武力紛争の目的も体制選択や国益の追求からアイデンティティや自組織利益のための暴力的主張が叫ばれるようになった。

　こうした紛争が目立つようになった背景には，技術力の向上と経済のグローバル化があることを指摘できるだろう。情報通信や交通・運輸手段が飛躍的に

発達し、さらには小型で殺傷力の高い武器が開発されることで、少人数のグループでも国際社会全体に衝撃を与えるような破壊活動をすることが可能になったわけである。

2　日常化する暴力

　このように、紛争のかたちや性格が変わってくると、《戦争さえなければ平和だ》とはもはや言えなくなる。ここにそれを示すデータがある。世界保健機関（WHO）という国連の専門機関が2002年に『暴力と健康に関する世界報告』というレポートを出した（Krug et al. 2002）。これによると、世界では年に165万人余りが、暴力によって命を落としている。1日平均では4,500人余りになる。これだけ死者がいるということは、その周囲にはもっと多くの、かろうじて命だけは助かった、暴力の被害者（いわゆるサバイバー）がいることも意味する。後遺症によって健康を損なったり、自分の力で働いて生きていくことが難しくなったりすることもあるだろう。さらに、暴力に対処するためのコストが、医療・福祉や刑事司法の分野で必要になり、国の経済負担が増えることも考えられる。暴力は、健康で豊かな暮らしを脅かすのである。

　この報告では、暴力を3つの種類に分類している。1つは対人間暴力、つまり個人や小グループの間で生じる暴力である。殺人や傷害致死などの事件、路上での暴行や親密なパートナーの間の暴力（DV）、子どもや老人への虐待、性暴力、学校や職場など施設内での物理的・心理的暴力が含まれる。2つめは自己指向暴力である。自分に向かう暴力として、自殺や自傷行為、薬物濫用が含まれる。地域や世代によって自殺率は異なるが、宗教その他の理由で自殺はタブー視されることがあり、実態の把握は困難である。理由となる背景もさまざまで、貧困や人間関係の破綻などのストレスに加えて、アルコールや薬物の濫用、幼少期の虐待経験、うつや精神的な疾患、拳銃や薬物が手に入りやすいかどうかなどが影響すると考えられる。3つめが集団的暴力、つまり特定の目的を持ったグループによる組織的な暴力である。戦争や内戦をはじめ、ジェノサイド（集団殺害）、その他の人権侵害、テロリズムや組織犯罪などを含む。近年

表6-1 世界における暴力による死者数（2000年）

暴力の種類	人数（概算値）	人口10万人当たり数	全体に占める割合（％）
対人間暴力	520,000	8.8	31.3
自己指向暴力	815,000	14.5	49.1
集団的暴力	310,000	5.2	18.6
合 計	1,659,000	28.8	100.0
途上国	1,510,000	32.1	91.1
先進国	149,000	14.4	8.9

出所：WHO Global Burden of Disease project for 2000, Version 1

の傾向として，武器を持たない民間人の犠牲者が非常に多いこと，犠牲者の多くがより貧しい地域に集中していることが挙げられる。社会に民主主義が根づいていなかったり，格差や不平等が激しかったり，天然資源が一部の特権階級に独占されていたり，難民・避難民の流出入など，人口の急激な変化をともなう場合もある。

この3つの分類にしたがって暴力による死者数を推計したのが表6-1である。下の2行を見ると，暴力による死者の9割が途上国（先進国より経済水準が低く，成長途上の国）の人々だということがわかる。注目してほしいのは，暴力の種類による人数の割合である。あくまで概算ではあるが，2000年に暴力で亡くなった165万人余りの死者のうち，ほぼ半数の81万人余りは自己指向暴力で死んでいる。また，およそ3割に当たる52万人が対人間暴力で亡くなっている。このことから，戦争や内戦などの集団的暴力の犠牲は全体の2割弱にすぎず，逆に8割の犠牲はいわば身近な暴力によるものだということがわかる。

これまで日本の平和学[1]においては，直接的暴力と構造的暴力というかたちで暴力を捉えるのが一般的であった。けれども，この表で全体の8割を占める，わたしたちのすぐそばにある暴力は，両者の狭間であまり光が当てられてこなかったのではないだろうか。核廃絶や軍縮も，貧困や差別の解消も，人権保障

---

1) 平和学（peace studies）は，戦争や暴力の原因や回避の方法，平和価値を実現する条件や過程を研究する学問。第二次世界大戦後の冷戦を背景に1960年代後半から研究が盛んになり，日本では1973年に日本平和学会が発足した。

の推進も，もちろん重要な平和の課題である。しかし，親密なパートナーの間の暴力を含む家族内の暴力や学校でのいじめ，職場でのハラスメント，隣近所でのトラブル，ストーカー・不審者対策や人間関係のストレスなど，平和という言葉からはイメージしにくい，日常的な領域の事柄が，実は平和をさまたげる切実な課題として立ち現れつつあることを表6-1から読み取れる。

3　平和の文化

　では，《いま，ここにある不安》を平和の問題として捉えるにはどうしたらいいだろう。考えの手引きとして,「平和の文化」というコンセプトを紹介しよう。「平和の文化」運動は，1946年に設立された国連教育科学文化機関（ユネスコ）の提案で始まった。ユネスコといえば，「戦争は人の心の中で生まれるものであるから，人の心の中に平和のとりでを築かなければならない」というユネスコ憲章（1945年採択，1946年効力発生）前文の言葉を知っている読者もいるだろう。前文ではこれに続いて，政府の政治的・経済的取り決めのみにもとづく平和は，「世界の諸人民の，一致した，しかも永続する誠実な支持を確保できる平和ではない。よって平和は，失われないためには，人類の知的及び精神的連帯の上に築かなければならない」（翻訳は文部科学省ホームページによる）ということもうたわれているのである。

　この設立理念に則り，国連では1999年に「平和の文化に関する宣言」および「行動計画」が採択された。翌2000年は「平和の文化国際年」と定められ，ユネスコを中心とした平和と非暴力の文化をとくに子どもに向けて広めていく活動が2010年まで集中的に行われた。

　ユネスコが提案する「平和の文化」とは何か。1995年のユネスコ総会で採択された定義によると,「平和の文化は，自由と正義ならびにあらゆる人権，寛容と連帯，対話と交渉によって，暴力を退け，紛争を未然に防ぐように問題解決に努力する。また人権が実現される社会の発展に寄与し，社会的関係ならびにわかちあいをすすめる，価値や姿勢，行動からなるものである」（平和の文化をきずく会 2007：52）。そして具体的な取り組みとして，教育による平和の文化の促

表6-2 戦争の文化と平和の文化

戦争と暴力の文化	平和と非暴力の文化
武力にもとづく力（パワー）の信奉	平和の文化のための教育
敵をつくる	理解，寛容，連帯
権威的統治	民主的参加
情報統制とプロパガンダ	自由な情報流通
軍備の拡大	軍縮の促進
人間の搾取	人権の尊重
自然の搾取	持続可能な発展
男性の優位	男女の平等

出所：Adams（2005）

進，経済および社会の持続可能な発展（将来世代のニーズを満たしつつ現在世代のニーズを満たすような発展），すべての人権の尊重，男女平等の確保，民主的参加の促進，理解・寛容・連帯の促進，参加型コミュニケーションと情報および知識の自由な流通，国際平和と安全保障の促進がうたわれている（UNESCO 2002）。

表6-2に示すとおり，「平和の文化」が挙げる8つの取り組みはそれぞれ，ユネスコのいう「戦争と暴力の文化」に対応している。現代社会において支配的な「戦争と暴力の文化」に代えて，「平和と非暴力の文化」を提案しているわけである。平和教育においては，対話と協力を尊ぶ姿勢が養われなければならない。持続可能な発展については，資源を浪費せず分かち合うことが重んじられる。人権の尊重に関しては人間を道具としてではなく尊厳を持って向き合うこと，また性差別をなくすことがめざされるべきである。民主的参加では，誰かが決めたことに服従するのではなく，当事者が話し合って決める。寛容に関しては違いを尊重し歓迎する。自由な情報流通に関しては情報発信する自由を確保する。軍縮の促進では武器を減らしその輸出入や流通を管理することが大事だ。

こうした取り組みを国際社会はもちろん，地域レベル，国家レベル，自治体レベル，そして一般社会のさまざまなレベルで実践していくことが，「平和の文化」を作り上げるというのである。

言い換えるなら，「平和の文化」とは，日常の平和を作っていく営みのことである。そのポイントは3つにまとめることができるだろう。第1に，日常の平

和とは，単に戦争や暴力がないことを超えて，社会のなかに公正さ（フェアネス）があることを意味する。悪いものを取り除くことで得られる《引き算の平和》だけでなく，善いものを積み上げることで得られる《足し算の平和》を含むということである。

第2に，《日常の》平和であるから，ひと握りの専門家にお任せするわけにはいかない。わたしたちの日常を平和なものにするためには，家庭・職場・地域社会においてわたしたち自身がフェアな人間関係を日々作っていかねばならない。

第3に，日常の平和は終わりのない営みである。《きれいな部屋》とはどんな部屋か考えてみるといい。一度掃除したら絶対に汚れない部屋というものはない。部屋に一切立ち入らなければ，部屋を汚さずにすむかもしれないが，生活できなくなるだろう。きれいな部屋とは絶対に汚れない部屋のことではなく，いつも掃除が行き届いている部屋のことである。日常の平和も同じである。一度平和が実現しても，手入れをしなければ失われていくのである。

4　平和構築講座：平和を作り出す方法を学ぶ

一般に文化とは「人間が自然に手を加えて作り出してきた物心両面の成果」（広辞苑）と説明される。人間が作り出してきた成果であるということは，自然に発生するものではないという意味でもある。文化として平和を捉えるということは，平和もまた自然に生えてくるものではなく，人間が手を加えて作り出すべきものだということである。自然にできるものでないならば，わたしたちはそれを作り出す方法を身につけなければならないことになるだろう。

そのような平和づくりの方法を学ぶ営みのひとつが，世界各地で実施されている平和構築講座である。非暴力トレーニング，メディエーション[2]，コンフリ

---

[2] メディエーション（mediation）とは，利害や主張を異にする当事者間の対話を促すことで対立を解決する作業を意味する。仲裁や調停などと訳されるが，法的な紛争解決手段としてのそれと区別するためにメディエーションと呼ばれることがある。

クト・マネジメント、ファシリテーション、アサーティブ、ウィン・ウィンといった言葉を知っている読者もいるかもしれない。これらは元々、アメリカの紛争学の研究成果から生まれた言葉である。紛争学は対人関係から国際関係まで、さまざまなレベルでの対立や衝突を分析し、その解決や予防の方法を探る学際的な研究である。その成果をふまえて、日常の平和づくりに役立つさまざまな知恵とわざが、世界各地で学ばれている。以下では、北海道を含む東北アジアにおける紛争解決教育の具体例として、「東北アジア地域平和構築講座」（NARPI：Northeast Asia Regional Peacebuilding Institute、通称ナルピ）の実践を紹介しよう。

　ナルピの発足は2010年である。日本・韓国・中国・モンゴル・台湾などで活動する非政府組織（NGO）が、韓国のソウルに集まって運営委員会を作り、草の根レベルの平和づくりに携わる人材を育成するプログラムを始めた。運営委員は大学教員やNGO職員で、その多くがイギリス、カナダ、アメリカなどで平和教育、とりわけ紛争解決教育を学んだ経験を持つ。2011年に最初のトレーニングをソウルで開催し、2016年まで毎年8月に、広島（日本）、インジェ（韓国）、南京（中国）、ウランバートル（モンゴル）、台北（台湾）でおのおの2週間の合宿トレーニングを行ってきた。

　ナルピを発足させるにあたり、運営委員が共有した問題意識は以下の4点であった。第1に、東北アジアは世界で最も軍事化された地域のひとつであるということである。いくつもの領土問題や民族の分断状況を抱えており、欧州連合（EU）や東南アジア諸国連合（ASEAN）といった地域的国際機構を持たない。戦前・戦中からの歴史問題も積み残されたまま、巨額の軍事費がこの地域に費やされている。平時から厳格な徴兵制を維持している国もある。

3）　コンフリクト・マネジメント（conflict management）は、紛争管理とも訳される。とくに対人関係での対立を調整・解決し、集団や組織を円滑に運営することを意味する。
4）　ファシリテーション（facilitation）の原義は「容易にすること」である。話し合いを円滑にするためのルール作りや争点の共有、合意形成などの一連の作業をいう。
5）　アサーティブ（assertive）とは相手に敬意を払いつつ、自分の意見を的確に伝えるコミュニケーション技術を意味する。

第Ⅲ部　わたしたちの未来はどうなるの？

　第2に，軍事化の代替策（オルターナティブ）としての「人間の安全保障[6]」の重要性である。軍事化を前提とした国家安全保障の追求は，市民社会に対する抑圧をともなう。戦争に備え，国家の守りを万全にしても，そこに住む個人の安全が自動的に保障されるわけではないからである。

　第3に，反戦教育にとどまらない平和教育の必要性である。人間の安全を脅かすのは，戦争や軍事紛争だけではない。人種差別，性差別，所得格差，労働における経済格差，災害や事件・事故，心理的不安やストレスなども大いに関係する。「人間の安全保障」を軸とした平和づくりには，広範な領域への目配りが欠かせない。

　第4に，紛争解決技能（スキル）を養成するための教育の重要性である。東北アジアでは，紛争解決教育がまだ普及していない。平和教育の質はかなり高いが，内容が高度すぎることから，かえって教師から生徒への知識の一方的伝授に重きが置かれる傾向がある。それでは困るため，東北アジア地域の平和づくりのための実践的な技能を当該地域で学ぶことができる機会を設けたいというのが，ナルピの設立趣旨である。

　ナルピのトレーニングでは，平和づくりのスキルを集中的に学べるよう，6つのコースが設けられ，第1週と第2週にそれぞれ3つのコースが開講される（表6-3）。紛争解決入門，修復的正義[7]，平和教育の理論と実践などの基礎的なコースのほか，非暴力コミュニケーション，トラウマ[8]の理解と対処法，暴力とジェンダー，持続可能な発展と平和づくり，組織における平和づくり，平和づくりへの芸術アプローチといったコースが設けられてきた。参加者は学生・看護師・団体職員・学芸員・宗教者・市民運動家・教員などさまざまで，学んだ

---

[6] 人間の安全保障（human security）とは，伝統的な国家安全保障に加えて個々の人間の生活や尊厳が確保されることで安全が保障されるとする考え方のことである。1993年に国連開発計画が出した『人間開発報告』以来，国際社会で受容されるようになった。

[7] 修復的正義（restorative justice）とは，加害への処罰にとどまらず，加害・被害によって傷ついた人間関係が修復されることで正義が実現されるとする見方のことである。

[8] トラウマ（trauma）は心的外傷とも訳される。事故や災害，戦争，犯罪などの激しいストレスにより生じる深い心の傷のことである。

表6-3　ナルピ夏期トレーニングのスケジュール例

第1週（5日間）	〔コース1〕 紛争解決入門	〔コース2〕 平和教育の理論と実践	〔コース3〕 修復的正義
フィールド学習（3日間）			
第2週（5日間）	〔コース4〕 平和づくりへの芸術アプローチ	〔コース5〕 トラウマの理解と対処法	〔コース6〕 持続可能な発展と平和づくり

出所：筆者作成

ことを自分の持ち場で活用することが期待されている。

　学びを「トレーニング」と呼ぶように、ナルピでは実践的な技能を身につけることを重視している。ワークショップ形式[9]の参加型学習を通して、参加者は五感をフルに活用し、平和づくりの知識だけでなく、話し方、聞き方、けんかの仲裁の仕方、トラウマを抱えた人への向き合い方などを身につけていく。ロールプレイを通じて共感の仕方やエンパワメント[10]についても学ぶ。

　平和教育というと、戦争の悲惨さについて学習し「だから戦争はいけない」という結論を確認することだ、というイメージがあるかもしれない。それはたしかに大切なのだが、すでに紹介したとおり、暴力によって命を失う全世界の人々のうち、戦争、内戦などの武力紛争で死ぬ人は2割にすぎない。あとの8割は自殺や薬物濫用、虐待、犯罪やけんかなどの《身近な暴力》で命を落としている。

　「平和安全法制」[11]や「国際平和共同対処事態」[12]といった言葉が日本のメディア

---

9) ワークショップ（workshop）の原義は「作業場」である。教師から生徒への一方的な知識の伝達ではなく、参加者が意見交換や共同作業を通じて試行錯誤しながら行う学びの形式を指す。
10) エンパワメント（empowerment）の原義は「力をつけること」である。勇気づけ（encouragement）とは異なり、本人の主体的な裁量を増やし、自分の力で問題を解決できる能力を高めることを意味する。
11) 平和安全法制とは、2015年に成立した、集団的自衛権の行使を可能にするための新法（国際平和支援法）と一連の改正法の総称を指す（本書第3章の注1を参考にするとよい）。
12) 国際平和共同対処事態とは、国際平和支援法に規定された、日本が主体的に寄与すべき、国際の平和と安全が脅かされた事態を指す。

第Ⅲ部　わたしたちの未来はどうなるの？

写6-1　ナルピ第1週のコース「修復的正義」におけるグループ発表（2016年台湾）

出所：筆者撮影

写6-2　ナルピ第2週の終了式（2016年台湾）

出所：筆者撮影

に近年取り上げられるようになった。平和というと何か海の向こうで起きている悲惨な殺し合いをやめさせること，あるいは70年以上も昔の不幸な歴史の出来事が再現しないことと思うかもしれない。しかし，一見平和に見える日本の北海道に生きるわたしたちの生活世界とて，戦争の文化とまったく無縁なわけでもない。パワーの信奉，自然の収奪，人間の搾取，男性優位，権威的統治，敵意と憎悪といった戦争の文化はわたしたちの日常の体験であり，現状でもある。その意味で，わたしたちの現場は，世界の紛争地域と同じ地平にあるといえるだろう。

　そうした身近な日常生活の場で，小さな平和をコツコツと作っていく人をつくるのがナルピのトレーニングである。ナルピでは参加者が話し合いのルールを自分たちで作り，先生・生徒の区別なく全員がルールに従う。前述の言葉を使うなら，民主的参加による平和教育の実践である。知識や経験や情報を共有しながら，しかし特定の結論を押しつけることはせず，立場や意見の違う者同士がどうすれば尊重し合えるか，対話と試行錯誤を積み重ねる。言い換えれば，参加型コミュニケーションによる持続可能性と理解・寛容・連帯の実践である。時間も手間もかかる営みであるが，参加者はコミュニケーションの技法を身につけ，話し合いの場の設け方を工夫し，言葉の壁に苦労しつつ，寝食を共にして相互尊重を学んでいくのである（写6-1，写6-2）。

　ナルピの特徴のひとつは，開催地を毎年変えながら，東北アジア地域を転々

とする，オリンピック方式とでも呼ぶべき開催方法である。紛争解決や平和づくりの技能を訓練するプログラムは，アフリカ，東南アジア，ヨーロッパ，北米など世界中にある。が，トレーニングのたびにスタッフがパソコンとプリンターを持ち込んで事務室を設営し，模造紙やマジックインキ，コピー用紙を現地調達するのはナルピだけではないかと思われる。韓国に事務局があるのに，なぜそんな面倒なことをするのか。それは，東北アジアという場所と，そこに集う参加者こそが，一番の教材であると考えているからである。

　第1週と第2週の合間にはフィールド学習が3日間もたれる。スケジュールの都合で，どちらか1週しか参加できない人もいるが，その場合でも，ナルピは第1週からフィールド学習まで，あるいはフィールド学習から第2週まで参加するよう勧めている。東北アジアの平和づくりのための教材は，なによりもまず東北アジアという地域自体でなければならない。開催地を毎年変えて，現地の歴史を学び，現状に触れ，現地の人々と交流することをナルピでは大切にしている。

　また，フィールド学習を《学びの共同体》として行うことに大きな意味がある点を指摘できるだろう。ただ博物館を巡るだけなら一人旅でもできるし，グループで訪れるのならパックツアーでもできる。しかし，東北アジアの平和づくりという目的を共有し，人生経験を分かち合い，共感できるところもそうでないところも明らかにして，互いに尊重し合うことを学んだ仲間としてフィールド学習に臨むことは，それ自体かけがえのない学びの経験となるはずである。

　エピソードをひとつ紹介しよう。2012年に広島でトレーニングを行ったとき，フィールド学習として，旧日本軍の毒ガス工場があった大久野島を訪れた。ボランティアの方がガイドをしてくださり，とても勉強になったのだが，筆者が一番印象的だったのは廃墟や展示物よりも，むしろそれを見つめる中国からのある参加者であった。快活な青年で，トレーニングにも積極的に参加していた彼が，表情を硬くして，一度もサングラスを外さなかったのだ。旧日本軍の毒ガス被害が中国でいまも続いていることは，資料館でも説明があった。しかし，サングラスをしたまま黙って唇をかみしめる彼の姿から，戦争の爪痕についての知識や情報にとどまらないものを，参加者は受けとめているように筆者

には思われた。

5 日常としての平和づくり

　平和構築という言葉は，わたしたちの日常からずいぶんと隔たっているように思われるかもしれない。しかし，わたしたちは日常的に立場や見解の違いを，話し合いで解決してきているはずである。それをただなんとなく受け流すのではなく，日常の平和をつくる積極的な行動と捉えなおしてみてはどうだろう。
　話し合いによる解決があまりに身近すぎるせいで，《話し合いの方法なんて，わざわざ習い覚えなくても，誰でもできる》くらいに思ってはいないだろうか。「話せばわかる」という言葉とは裏腹に，世間でコミュニケーション能力への要求が高まるのは，話してもわからない，またわかるように話せないケースが急増しているからではないだろうか（北川・平田 2013）。
　こうした状況への対応は現在，社会のあちこちで試みられてもいる。教育現場でのアクティブ・ラーニング[13]や，自治体におけるコンセンサス会議[14]，企業における環境への配慮や男女の平等，参加型の会議や情報公開など，平和の文化に関わりの深い取り組みがなされている。
　平和の文化において，個人の尊厳と多様性が尊ばれることは当然である。しかし，多文化主義[15]には落とし穴があることにも注意しなければならないだろう。社会的少数者（マイノリティ）への寛容を重んじる姿勢は，ときにその人々への画一的なイメージを作り出しかねない。たとえば，ムスリム（イスラーム教徒）の間でも戒律の捉え方は多様だし，先住民として生まれた人がすべて民族の伝統に好意的なわけでもない。マイノリティへの寛容な態度が，かえってその集

---

13) アクティブ・ラーニング（active learning）とは，教師主体の一方的授業形式でない，学習者の能動的参加による学習形式を指す。
14) コンセンサス会議とは，具体的な社会問題について，公募された一般市民が専門家との対話を通して政策を検討する政治参加の手法を意味する。
15) 多文化主義（multiculturalism）とは，多様な民族・宗教・階層が独自性を保ちつつ相互の尊重と共生をめざす立場のことを意味する。

団へのステレオタイプを生む可能性もある。個人の尊厳を守るということは，その人が持つ重層的なアイデンティティを尊重することでもある。均一で同質的と捉えられがちなわたしたちの日常を，多様な個性と人格を持つ人々からなる多文化的状況と捉えなおすこともまた，平和づくりの重要な視点である。

『星の王子さま』で有名なフランスの作家サン゠テグジュペリが，空軍パイロットとしての経験を記した『戦う操縦士』という作品のなかで，こう言っている。

「平和においては，あらゆるものがそれ自体のうちに閉ざされている。夕暮れ時になれば村人たちは家に帰ってくる。種は納屋の中に戻される。折り畳んだリネンはタンスの中に納められる。平和な時期には，何がどこにあるか，いつも分かる。どこに行けば友達に会えるかも分かっている。夜，どこに行って寝るかも知っている。しかし，こういう基盤が崩れるとき，世界の中に自分の居場所がなくなるとき，どこに行けば自分の愛する者と会えるか分からなくなるとき，海に出た夫が帰ってこないとき，平和は死ぬ」（最上 2006：108）。

サン゠テグジュペリにとって，平和とは人間の日常性が保たれることだ。ならば，アイデンティティをめぐる現代の軍事紛争は，いわば世界のなかに自分の居場所を見出せない人たちの争いといえるのかもしれない。そもそも北海道の開拓は，新しい居場所を得ようと入植した人々が軍事化と密接に結びつきながら，アイヌから居場所を奪うかたちで行われた。千島や樺太（現・サハリン）に見られるように，外交関係が人々の居場所を翻弄したことや，植民地政策が強制移住やタコ部屋労働などの人権侵害を生んだこともある。現代においても，過疎化，自治体の財政難，産業の衰退，若者や子どもの貧困など，北海道で居場所を失いつつある人たちがいるという意味で，わたしたちの日常は紛争地域と地続きである。逆に言えば，いまここでわたしたちがどんな日常を営んでいくかが，暴力の文化から平和の文化へと世界を変えていくことにつながりうるということでもある。家庭・学校・職場・地域社会に誠実と安心が実践さ

れる場を作っていくことが，これからの世界に平和の文化を根づかせていくために大きな意味を持つといえるだろう。

☞ 発展学習のための案内

〔調べてみよう〕

平和の文化をきずく会（http://homepage2.nifty.com/peacecom/cop/index.html）： やや古いが，「平和の文化」に関する国連決議や文献を紹介している。

NARPI（http://narpi.net/index.html）： 本文で詳述した東北アジア地域平和構築講座のホームページ。

チママンダ・アディーチェ「シングルストーリーの危険性」（http://www.ted.com/talks/chimamanda_adichie_the_danger_of_a_single_story/transcript?language=ja）： ステレオタイプが植民地主義でもあること，マイノリティを《単一の物語》で理解してはならないことを説いたプレゼンテーション。動画と共に参照してほしい。

〔読んでみよう〕

ゼア，ハワード，2008，森田ゆり訳『責任と癒し――修復的正義の実践ガイド』築地書館： 修復的正義運動を牽引してきたゼアによる修復的正義の基本文献。

〔引用・参考文献〕

北川達夫・平田オリザ，2013，『ていねいなのに伝わらない「話せばわかる」症候群』日本経済新聞出版社．

日本ユネスコ国内委員会「国際連合教育科学文化機関憲章（ユネスコ憲章）」 http://www.mext.go.jp/unesco/009/001.htm

平和の文化をきずく会編，2007，『きずきあう平和と非暴力の文化――デービッド・アダムス講演集』平和文化．

最上敏樹，2006，『いま平和とは――人権と人道をめぐる9話』岩波書店．

Adams, David, 2005, "Definition of Culture of Peace," Global Movement for a Culture of Peace（http://www.culture-of-peace.info/copoj/definition.html）．

Krug, Etienne G. et al., 2002, *World Report on Violence and Health*, World Health Organization.

UNESCO, 2002, *Mainstreaming the Culture of Peace*, United Nations Educational, Scientific and Cultural Organization.

【片野淳彦】

第7章 根釧原野から切り拓く平和の未来

1 凍てつく厚床駅から

　2015年冬，筆者は別海町に向かうため，早朝の厚床駅に降りた。1989年まではここからJR標津線が北上して別海方面へ続いていた。いまは厚床からバスに乗り換える。ホームから見る景色は，都市圏とは違うことはもちろん，畑作地帯の十勝とも違う独特の世界だ。暮らしの作法を間違えれば人間なんぞすぐにお陀仏だとでもいいそうな厳しい一面の白銀の上に，太陽の光が差し込み，荘厳だ。

　本章では，いまどのような平和学習の内容が必要とされているのかを考えていく。教育学者の大田堯は，日本の戦争の問題に向き合いながら，いかなる命も自らの可能性を開花させる能力を持っているという観点から教育を捉えなおす必要を述べていた（大田 1990）。これまでの平和学習は，政治のことを主に頭の中で考えてきたといえる。しかし，ここでは，からだや自然のことを含めて平和を学ぶことの重要性を考えたい。

　着目する実践は，北海道根釧原野・矢臼別演習場をめぐる民衆の学習である。なぜ，この学習実践に着目するのかといえば，酪農民等のその土地で生き抜く民衆が自分の生活の問題として軍事や戦争の問題を捉えてきたためだ。そのため，ここの民衆の学習実践は自然を含めて平和を学ぶことを考えるために，手がかりに富んでいると筆者が考えるからである。

---

1) 1918年生まれの日本の教育学者。農村の青年たちの生活意識に迫って学習サークルを組織したロハ台実践が有名。自然や子育てなどの習俗との関連から教育を捉えなおしてきた。

第Ⅲ部　わたしたちの未来はどうなるの？

図7-1　根釧原野の地図

出所：筆者作成

　平和教育を長年研究してきた佐貫浩は，不安定雇用やいじめという苦しい環境のなかで生きる若者が，すでに戦争状態を生き抜いているのと同じくらい，からだが疲弊しているのではないかと言っている（佐貫 2010：114）。近年，若者を含め多くの人々が政治に目覚めてきた。しかし，路上に出て平和を求める人たちも，そうでない人たちも，同様に暮らしを基盤に持っている。民主主義を実践することを支えてくれる生活の部分（衣食住・労働）が必要不可欠である。暮らしでは，人々はみな大なり小なり疲れを覚えているだろう。

　問題が生じたときに粘り強く対話したり，政治に主体的に関わっていこうとする民主主義の姿勢や行動は，どういう生活の部分が基盤にあれば可能なのだろうか。根釧原野の人々は，50年以上に渡る学習の積み重ねのなかで，それを見つけ出してきた。

2 根釧原野と軍事との関わり

　根釧原野は，千島火山脈が地質・地形の根本をなす（図7-1）。概して，農耕期間における気温が低く，日照時間も少なく，雨量も比較的少ない（西春別農協30年史編集委員会 1979：3-7）。この厳しい自然環境が根釧原野の主産業を酪農にした。

　本書第Ⅱ部で述べたとおり，北海道は，ロシア帝国の南下に備える防壁，および「富国強兵・殖産興業」を担う資源の供給地として「開拓」されていく。根釧原野には，第1期拓殖計画（1910〜1926年）・第2期拓殖計画（1927〜1946年）を通じて移民が進む。移民たちは，最初穀物と豆類の耕作と生産を中心に生活を成り立たせようとするが，相次ぐ冷害に阻まれた。これを受けて政府は，牛馬購入に補助金を出し主畜農業へと転換させていく（西春別農協30年史編集委員会 1979：11-17）。

　この措置により，根釧原野は，酪農とともに軍馬の産出地に変貌を遂げる。開拓されて間もない別海町・西春別地区には軍馬補充部が置かれることになり（1936年），入植した農家のうち31戸が再度移転，再入植を余儀なくされる（三宅 2008：284）。また，日本陸軍はこの西春別地区から計根別地区にかけて4つの飛行場を建設する。タコ部屋労働も用いられ，「強制連行」された朝鮮人も働かされた（松本 1996）。

3 政策に振り回されていることの自覚

　根釧原野を訪ねれば，戦争に翻弄され生活の場を転々とせざるをえなかった家族の歴史に出会うことがある。日本は1945年の敗戦で，朝鮮や樺太等の日本の「領土」と「満洲国」や中国華北，南洋諸島など実効支配地を失い，500万人

2）「富国強兵・殖産興業」は，明治期の日本政府の国策。強い軍隊を持つことが国を富ませることにつながる。そして近代的な産業を盛り上げていこうとする政策理念。

弱もの引揚者が出た。政府は同年11月に「緊急開拓実施要領」を出し，根釧原野は多くの引揚者を受け入れることになる。

「拓け満蒙！行け満洲へ！」。1930年代半ばの「満洲」への移民募集のポスターは，大陸移住後の豊かな生活を夢見させた。政府や地域の有力者が移民を推進した。それだけ，日本が食料に事欠くほど貧しかったからである。にもかかわらず，その「満洲国」という「領土」が失われたとき，軍は，民衆よりも先にその場を離れ，残された民衆は，ソ連軍の侵攻に逃げ惑いながら，乳飲み子や老人の亡骸を捨て多数の死者を出しながらの壮絶な逃避行を余儀なくされた。別海町泉川地区の山形県出身のある農家は，1937年に父母に連れられ中国・東北の東安省に移住するも父を失い，1946年に母と子のみで引き揚げている。泉川地区は「満洲武装移民団」「満蒙開拓青少年義勇軍[3]」の生き残りの人々の戦後入植が多い（別海町泉川郷土史編集委員会 1970）。

彼らは，故郷の隣人と別れたうえ，「満洲」では現地の人々の憎しみを受けた。「満洲」の土地は，現地の人々の土地を日本が武力で奪ったか，不当に安い価格で日本の国策会社が買い叩いたものであったからである。国策が彼らの生活のなかの人間関係を破壊した。

にもかかわらず，1952年，再び国策で人々が分断される悲しい事件が起こる（泉川事件）。レッドパージ[4]のなか，共産党員の上出五郎らが村八分に会う。非合法雑誌配布の罪で上出は逮捕，上出の仲間は，村人によって駅に送り届けられ，二度と村に戻るなと宣告される。共に暮らす隣人を追い出す理由がどこにあったのだろう。ある女性は言ったという。「共産党はよく分からないけれど，上出さんはいい人だよ。（中略）いろいろお世話になった人の家へ押しかけて出ていけなんて言うべきでないことは百も承知だけど，私達そうしなきゃ私達もここに居られなくなるんだよ。すまないと思いながら皆と一緒に押しかけなければならなかった」（上出 2010：38-39）。

---

3)「満蒙開拓青少年義勇軍」は16歳から19歳の青年を茨城県の内原訓練所で訓練し，「満洲」の開拓と武装警備のために移民させた。満蒙開拓計画後半の主流形態と言われる。

4) 第二次世界大戦終了後，日本を占領していたGHQが公務員から共産党員を追放したことをきっかけに，民間企業等でも共産党員の追放の動きが強まった。

これだけではない。入植してしばらくすると経営の差が出てくる。1961年に農業基本法が制定され，農村の競争力向上をうたって「構造改善事業」が実施される。開拓農家にA～Dのランク付けが始まり，Dランクの農家は農協の首切りの対象にされた。首切りは生活の実態に合っておらず，Dランクにされたもののなかにも，単に初期投資がかさんで帳簿上赤字にすぎないものも含まれ，理由が納得のいくものではなかった（上出 2010：49）。生活の向上をうたう国策への疑念が募るばかりだった。

泉川の農民たちは，このまま上からの言うとおりにはしなかった。「①無理な借金はしない，②生活は派手にしない，③仲間同士助け合わねば共倒れになる」（上出 2010：51）。これらを大事にした営農をつくっていこう。日本国憲法（1947年施行）の条文のみならず，生活の実態のなかから民主主義の価値が芽生えた瞬間だった。

4　立ち退きに抗して結集する民衆

軍や国の政策は民衆を犠牲にして，豊かな生活をもたらさない。幾度もそれを経験した農民たちの所に，1962年，自衛隊・矢臼別演習場の設置が耳に入ってきた。別海町・新富地区19戸，三股地区37戸，厚岸町・トライベツ地区30戸に買収工作の人が押し寄せた（矢臼別平和委員会（発行年不明））。設備投資による借金で営農が不安定になっていた農民が買収を拒否できるはずがなかった。借金分を差し引かれ，手取りゼロの農家もあった（第50回矢臼別平和盆おどり大会実行委員会 2014：7）。

しかし，三股地区の杉野芳夫と川瀬氾二のふたつの農家が買収を拒否して残った。当時，北海道学芸大学釧路校に赴任していた三宅信一をはじめ，釧路の教員や労働者が，2戸の農家が残り暮らすことこそが軍事化へつながる行為を

5）　1961年に成立した農業基本法は，日米安保体制にもとづく，自由貿易を志向するものであった。そのため，封建的な体質を強く持つ農家に対して，生産性の向上とともに資本主義的な生産形態を根づかせるために行われた営農指導を「構造改善事業」という。

拒否し平和を願う運動だと解して支援を始める。1965年，彼らの土地に平和碑を建立し，完成を祝って盆おどりを開催した。平和盆踊り[6]の始まりである。

この支援者と農民との交流のなかで，現地では全日本農民組合[7]の支部が周辺45戸で結成される。彼らは，立ち退きを余儀なくされるような農民の生活の不安定化の根源を読み解く労農学習会を開催していく。1971年に第1回が開催され，泉川地区で営農しながら考え抜いて書かれた武藤四郎の論文を読み，近代酪農における搾取のしくみを学習することから始まった。この学習会は年1回開催され，農協理事の選出方法は民主的に行われているか，バルククーラー[8]を一律に導入するのは農民の暮らしの実態にあっているのか，といった生活の問題を農家の実態を調査しながら学習していった（三宅 1989：200-207）。

労農学習会は事務局の多忙で数年で中断しその後は各地区が取り組むこととなるが，ここで捉えられた視点は1980年代の全町的な学習会の基盤となった。

5 矢臼別闘争の文化

1965年に第1回の平和盆踊りが開催されて以降，地域内外の教員ら支援者に支えられ，杉野・川瀬両人の暮らしを守るたたかいは展開していった。自衛隊は，執拗に立ち退きを迫り，牧場を木柵で囲い込むなど，攻勢を強めた（布施 2009：125-127）。

開拓農民の経験は，軍事化の強化が安全をもたらさないことを教えてきた。杉野と川瀬の暮らしは，「いてもいい」という消極的な理由のみならず，そこで暮らし続けることが軍事化の強化を防ぐという積極的な意味を持つものだった（川瀬「わたしはここにいたいのです」，後に村上国治作で詩）。1977年に杉野はやむなく離農する。1991年，川瀬はD型ハウスに「自衛隊は憲法違反」，1999年に憲

---

6) 「矢臼別平和盆踊り」は1965年に第1回が開催されて以降，2014年に第50回を開催して現在も続いている。矢臼別闘争という場に魅力を感じる人々が全国から集う。
7) 全日本農民組合の組織そのものは1958年にできた。その前身は1922年にできた日本農民組合にさかのぼる。もともとは，小作の待遇改善のなかから生まれた組織である。
8) 牛乳を冷蔵保存する装置。これが導入される前までは，集乳缶に詰めていた。

第7章　根釧原野から切り拓く平和の未来

法前文，9条（戦争の放棄，軍備および交戦権の否認），12条（自由・権利の保持の責任とその濫用の禁止）を書く（写7-1）。

写7-1　D型ハウスの日本国憲法

出所：筆者撮影

「誰にでも居場所がある」（菊池哲史作歌「矢臼別へきたのなら」）というテーマが，川瀬牧場に集う人々のなかにある。平和盆踊りでは，ステージをつくり，料理を作り，歌を提供し，参加する地域内外の人々それぞれがその場を耕していく。薪を割って帰っていく人がいる。するとみんなの夜の暖が確保される。ある女性は，料理をつくることしかできないけれども，それが私の平和運動と語った（吉野 2015）。

矢臼別闘争の場を訪れ「ここに居たい」と思った人は，最初何の役に立てるか自信がない場合もある。しかし，その人の個性とできることを見つけ，その実現を支えてくれる仲間がいる。そのなかで自分の役割を見つけ，「私にも居場所があるんだ」と思えるようになっていく。フリースクールの子どもが来て「俺にも居場所があるんだ」と言ったという（吉野 2015）。力を合わせなければ暮らしを成り立たせることすらできない開拓農民の原点の経験が，どんな人でもその力を発揮しうる集団づくりという運動の場のあり方として開花したといえるだろう。

たしかに，離農の現実はこの場の存在のみでは解決しえないため，この文化の生成だけで暮らしと平和を語るのは難しい。しかし，互いの労働で互いが幸せになれるという，めざすべき人間社会の小宇宙はたしかに生まれていた。

6　身の丈にあった酪農経営の確立へ

再び，農民の営農のなかに視点を戻そう。根釧原野の酪農経営の方式は，政策的に規模拡大の方向で推し進められていった。1956年には「パイロットフ

ァーム」[9]が計画され，開拓のやり方も人間と家畜によるものから米国から導入されたレーキドーザー[10]によるものへと一変する。さらに1973年からは「新酪農村」[11]が計画され，50haの広大な牧草地と70頭規模の乳牛を備えるものになった。

しかし，規模拡大は概して豊かな暮らしをもたらさなかったようだ。規模拡大には，牛舎や搾乳設備，大型のトラクターなどへ莫大な投資が必要になる。頭数の増加や設備の大型化は，酪農従事者の多忙化を進めた。1頭当たりの乳量を増加させるため，牧草だけでなく栄養を濃縮させた濃厚飼料[12]を購入して与えるようになり生産コストもかさんだ。乳代はたしかに多くなるが，支出も当然大きくなり，また市場価格に依存するため収入は不安定で，主観的にはお金は目の前を通り過ぎていき，残るのは忙しさと疲労だった。このような状況にありながらも，1986年には，再び全町的な学習会である「別海酪農の未来を考える学習会」が開催されるようになる。

東京生まれで現在酪農家の三友盛行は，このころ別海町の隣町・中標津町に移住する。生産を拡大して1日も早く一人前の牛飼いになりたいという思いで働いたが，多額の負債の償還計画書を前に，営農のあり方に悩む。三友は，人間の都合だけで搾るか／搾らないかを決めるのではなく，自然の法則に耳を傾けてそれに合わせた営農を実践し始める（マイペース酪農）。先の学習会の第6回で三友は講演し，その実践が規模拡大に疑問を同じく寄せていた別海町の農民たちを刺激し，マイペース酪農の営農技術が集団的に深められていくようになる。

マイペース酪農の営農は次のような考えにもとづく。牛の糞は重要な生産物である。化学肥料が地力を奪い草地更新を不可欠にするのに対し，糞を完熟たい肥にして牧草地に撒けば永続的によい牧草の育つ草地が醸成される。そうい

---

9) 国の酪農政策。根釧原野では1956年から実施された。世界銀行の融資によって機械を導入し，営農の近代化をめざした。
10) 土を押す部分がレーキ状（柵状）になっているブルドーザー。
11) 国の酪農政策。パイロットファームよりもさらに規模拡大をめざす。ヨーロッパ並みの近代酪農村をめざした。
12) 粗飼料に比して，たんぱく質を多く含むエサ。穀物が多い。

第7章　根釧原野から切り拓く平和の未来

う粗飼料を中心にして牛を育てる。たしかに，濃厚飼料を与えるよりも乳量は落ちるが，それが牛にとっても無理のない姿だ。乳房炎や事故も減ることになる。粗飼料中心で育てるには，牛の頭数も減らさなくてはいけない。頭数が減れば，搾乳作業ほか労働にゆとりが出る。手の込んだ食事づくりに労力を傾けることもできるし，趣味の時間に使ってもいい。

収入のことが不安になるかもしれない。しかし実際の収支を見てみると，価格変動の多い濃厚飼料や化学肥料に依存しないため，収入が乳量の減少ほど落ちず相対的に安定をもたらすものだった（例として，乳量・所得の順に，高泌乳拡大型：88年450t・820万，89年660t・490万，98年610t・840万，マイペース型：91年250t・780万，94年230t・740万，97年220t・769万）（三友 2000：31）。しかも設備投資（借金）も少なくて済むというメリットもある。

7　農民の生活実践から立ち上がる平和の価値

1997年から沖縄の米海兵隊が矢臼別演習場を利用して移転訓練を始めた。マイペース酪農交流会（1991年から日常的な学びあいの場として月1回開催）の事務局を務め，海兵隊移転反対別海町連絡会代表の森高哲夫は，「酪農は平和な職業」[13]と語る。マイペース酪農では乳を，金銭と交換可能な量のみで見るのではなく，それを生み出す土—草—牛のいのちの循環として見る。その乳は，人々の食生活を支えていて，だから，農民はまさにいのちの循環を支える存在である。そういう観点からは，海兵隊の移転訓練は矛盾に見える。なぜならその訓練は，人々のいのちを守るためとうたわれるが，軍事化は決して人々のいのちを守るものではないことがこの地域の歴史の経験からわかっているからである。[14] いの

---

13)　別海町では，1997年から沖縄の海兵隊が矢臼別演習場に来て，実弾演習を行っている。
14)　参考として，イラク戦争と自衛隊，米軍との関わりがある。米軍は大量破壊兵器の存在を理由に，2003年にイラクに対して戦争を仕掛けた。しかし，大量破壊兵器は見つからず，その過ちを米政府も認めている。このイラク戦争に，日本の自衛隊は特別措置法によって派遣された。日本の自衛隊は，憲法9条1項で禁じられている多国籍軍武装兵士の空輸活動を行っていたことが明らかになっている（本書第3章を参考にするとよい）。

ちのつながりをトータルな循環として見る視点がマイペース酪農の学習で培われていたことが移転訓練反対の基盤になっていたといえるだろう。森高は次のようにいう。「家畜を飼ってるうえでは、生死と直面してるんだよね。そういう面で、喜びもあるし、悲しみも十分に知っている。そういうなかで、戦争というのはやはり死に直結するもんだから、まったく生産するわけではないから」（森高 2015）。

　さらにマイペース酪農の学びが深いのは、いのちの循環という価値を身の周りの地域生活で実践として創造しているところにある。佐々木章晴は、マイペース酪農の実践成果をふまえ、外部から無理に栄養を入れなくても根釧原野の資源である草が再生産可能になる条件を、自然科学を用いて明らかにしている。たとえば、マイペース酪農では草地更新をしない方向だが、それが成立する理由について、次のようにいう。従来の慣行農法では、地力を保つために草地を掘り返し（方法はさまざま）、施肥することを常識としているが、堆肥や化学肥料の過剰投入が土壌中のアルミニウムを増やし、その結果雑草（シバムギ）の増加につながる。一方でマイペース酪農が大事にする完熟堆肥は、アルミニウムを包み込む腐食酸を含んでいるため、雑草ははびこらず草地は更新なしでも使えるというのである（佐々木 2014）。

　土と草の力を引き出すには、微生物がバランスよく作用していることが重要である、というのも最近のマイペース酪農交流会の学習である。弘前大学の杉山修一を呼んでの学習もあった（2014年8月、2015年8月）。杉山は、青森で無農薬・無肥料りんごを育てる木村秋則とともに、微生物同士の作用により農薬や消毒剤を使わなくても害虫が抑制されるメカニズムを研究している（杉山 2013）。森高は尿処理の施設をつくったとき、「すごく微生物というものを意識した」という。そして「口蹄疫の問題で、牛舎の消毒や殺菌というのが結構うるさくなってきたんです。そのなかで自分は、そうではなく、微生物をうまく活用しながら、自分の農場に住み着いている微生物を含めて、いろんな生き物たちと共存して農業をやりたいという思いがあった。そこから平和と結び付いたんだよね」と語る（森高 2015）。

　TPP[15]進行下での、競争力向上と規模拡大は、生き残りと離農、企業的経営の主[16]

人と従事者というように，地域にいびつな序列を生む。そうではなく，各農家が自分らしい営農を手にし，他の農家の固有性や自立性を尊重し，互いに生かし合い共存する地域像をマイペース酪農はめざしているといえる。そういう他者関係こそ生活のなかから生まれる平和の価値だろう。

こういう平和の価値を見通したときに大事なのが，生活文化だろう。マイペース酪農交流会では，各農家自慢の料理が出される。各農家の牧場の造りや作業の技術・手順には各自のこだわりがある。マイペース酪農交流会とは，そういう文化を交流し学び合い生活に生かし合うところだ。一人ひとりがそれぞれなりの生活文化を手にできるという方法が平和の方法として重要なものになってくるはずである。

8 まとめ

「誰にでも居場所がある」という矢臼別闘争が生んだ人権思想は，いま，マイペース酪農の学習の側から，営農の現実を含んだ次元でその実現の見通しが立ち上がりつつあるといえるかもしれない。なぜなら，生活文化の回復とは，まさに地域の衣食住・労働を含んだ現実のなかで，各人の人権が尊重されるような居場所づくりだからである。

根釧原野の取り組みの平和学習への示唆は，次のようなところにある。第1に，平和学習は社会科の領域で考えられることが多かったが，理科（自然科学）を含めた平和学習というものが今後重要になってくるというところである。平和の思想の説得性は，そこにかかっていることを根釧原野の取り組みは教えている。

第2に，暴力で傷つく対象を，人間個体のいのちのみならず，微生物，植物，動物といった自然と人間とのいのちの循環に広げて理解するところである。戦

---

15) TPP（環太平洋戦略的経済連携協定）は，自国の産業を保護するためにかけていた関税を段階的に撤廃していこうとする協定。
16) 「農林水産業・地域の活力創造プラン」（田代・小田切・池上 2014）参照。

第Ⅲ部　わたしたちの未来はどうなるの？

争を個体の破壊として全世界共通のものであると捉えるだけでなく，自然との関わりから生まれた地域の生活文化の破壊も視野に入れて捉える。これこそが自分の地域における居場所づくりであり，平和の文化の創造ではなかろうか。

☞ 発展学習のための案内

〔読んでみよう〕

三宅信一，1989，『原野たかく』三宅信一教授定年退官記念誌編集委員会：　地域の暮らしと労働に即して，生活経験から立ち上がる社会科学の認識の学習・教育の論理を一貫して探究した，教育学文献．

三友盛行，2000，『マイペース酪農』農山漁村文化協会：　マイペース型の経営方法，具体的な技術，暮らしの様子をわかりやすく紹介．

シヴァ，ヴァンダナ，1997，浜谷喜美子訳『緑の革命とその暴力』日本経済評論社：　自然やからだ，およびそれらの循環を含めて，平和と暴力の問題を考える理論書．

〔引用・参考文献〕

矢臼別平和委員会，（発行年不明），『矢臼別演習場のたたかい──1958年から1970年まで』矢臼別平和委員会．

別海町泉川郷土史編集委員会，1970，『風連川源流を拓く』別海町泉川郷土史編纂委員会．

西春別農協30年史編集委員会，1979，『西春別農業協同組合三十周年記念史』西春別農業協同組合．

大田堯，1990，『教育とは何か』岩波書店．

松本成美，1996，『滑走路と少年土工夫』草の根出版．

三友盛行，2000，『マイペース酪農』農山漁村文化協会．

三宅信一，1989，『原野たかく』三宅信一教授定年退官記念誌編集委員会．

三宅信一，2008，「戦雲ただよう根釧原野」『釧路春秋』60．

布施祐仁，2009，『北の反戦地主』高文研．

上出五郎，2010，『自分史』上出五郎．

佐貫浩，2010，『平和的生存権のための教育』教育史料出版会．

杉山修一，2013，『すごい畑のすごい土』幻冬舎．

佐々木章晴，2014，『これからの酪農経営と草地管理』農山漁村文化協会．

第50回矢臼別平和盆おどり大会実行委員会，2014，『矢臼別のたたかい』第50回矢臼別平和盆おどり大会実行委員会．

田代洋一・小田切徳美・池上甲一，2014，『ポストTPP農政』農山漁村文化協会．

第7章　根釧原野から切り拓く平和の未来

森高哲夫，2015，森高哲夫インタビュー・2015年11月28日．
吉野宣和，2015，吉野宣和インタビュー・2015年12月28日．

【阿知良洋平】

【コラム⑦】　遺骨奉還運動と平和の踏み石

　人気推理小説家森村誠一の作品に『笹の墓標』という作品がある。この小説の舞台は，朱鞠内湖。夏は静かな森に囲まれ，冬は深い雪に閉ざされる景勝地で，日本最大の人造湖である。
　この湖の歴史をたどると，1938年代から1943年の建設の時代に行き着く。朝鮮人強制労働者，日本人タコ部屋労働者，中国人強制労働者，連合軍捕虜など1日に3,000人も国鉄深名線建設工事と雨竜ダム工事に動員されていた。深名線は伐採されたパルプ用木材の運送のために建設され，木を伐った後，はげ山となった山を沈めた雨竜ダムはのちに朱鞠内湖をつくり，王子製紙の電力供給源となった。しかし，過酷な労働と劣悪な環境のなか，204名の労働者が病気や怪我，暴力で死亡し，極寒の幌加内の地に埋葬された。工事の完成と日本の敗戦とともに強制連行やタコ部屋労働の事実は忘却された。
　1970年代にその歴史的事実を「空知民衆史掘り起こし運動」の担い手たちが突き止めた。きっかけは，朱鞠内湖畔の旧光顕寺に安置されて引き取り手のない80の位牌であった。地元の人の証言と共同墓地のくぼみを目当てに1980年代に，日韓共同の遺骨発掘のワークショップが始まった。1997年，2001年も共同発掘が行われた。「笹の墓標」とは墓石も置かれず笹（クマイザサ）の下から骨となって発見された犠牲者をいたみ，小野寺正巳氏（拓殖大学北海道短大元教員）が名づけたものである。小野寺氏は雨竜ダム建設史の第一人者で空知民衆史研究会の会員である。
　そのほかにも証言が集まり，2005～2010年の4回にわたり猿払村浅茅野旧日本陸軍飛行場建設場所の日韓合同遺骨発掘も行われた。この飛行場は1942年から1944年に建設されたもので，600～800人の朝鮮人労働者がいたという。日本人タコ部屋労働者も244人にも上った。
　発掘だけでなく，寺院に安置された遺骨も調査された。美唄の常光寺では朝鮮人の遺骨が安置されていたし，本願寺札幌別院には，朝鮮人，中国人，中国人の遺骨が合葬されていた。

【コラム⑦】　遺骨奉還運動と平和の踏み石

　2015年9月には，遺骨を韓国に帰す遺骨奉還が日韓の市民団体「強制労働犠牲者追悼・遺骨奉還委員会」によって行われた。委員会共同代表の深川の一乗寺住職殿平善彦氏が中心となり，宗谷に近い浅茅野の猿払村を出発し，フェリー，大型バスを乗り継いで釜山に上陸，ソウル市立追慕公園を最終目的地とする3,500キロ，10日間の旅であった。朱鞠内からは4体，浅茅野からは34体，美唄から6体，札幌から71体の計115体の遺骨が奉還された。

　遺骨奉還の長い陸路と海路の道程は，戦時下に朝鮮人労働者が北海道に連れてこられた道筋を逆にたどろうとするもので，日本各地で犠牲者の追悼の夕べを経て，玄界灘を渡って遺骨の故郷に戻すものであった。志半ばで極寒の異国に倒れた当時の若者は，命の尊厳をないがしろにする植民地主義と戦争の犠牲者である。遺骨奉還は彼らの苦難の長い道のりを追体験することで，失われた命の尊さをいま生きる東アジアの人々に想起させ，平和な未来を構築するための礎とする旅であった。

　これら困難な活動を行ってきたのはNPO法人東アジア市民ネットワーク（共同代表．殿平善彦，鄭炳浩（漢陽大学教授））である。1997年の設立とともに，東アジアの若者を中心に2,000人以上の人々が朱鞠内や浅茅野に集い，汗と泥にまみれた発掘やワークショップを共同で行った。そして植民地支配の歴史を学び，未来を語ってきた。それは，遺骨そのものの存在が発掘者に語りかけ，植民地主義と戦争に関するわたしたちの忘却，無知，無関心をあぶりだすからだ。記憶を呼び覚ますための活動が遺骨探し，掘り出し，洗い清め，納棺，荼毘，弔いという共同の実践であった。

　さらには，東アジア市民ネットワークは韓国の社団法人「平和の踏み石」と共に2016年8月21～22日に朱鞠内旧光顕寺，美唄常光寺，札幌別院の3か所に，「平和の踏み石」を設置した（写⑦-1）。縦45センチ，横35センチの銅製プレートには犠牲者の氏名や年齢，出身地，死亡日などがハングルと日本語で刻まれている。朝鮮人も日本人も過酷な労働を強いられ犠牲になったことを記録し，追悼するとともに植民地主義と戦時体制における犠牲を忘れず繰り返さないとの思いをこめた。さらには小型の石版が複数つくられ韓国人犠牲者の住居近くに埋めこまれる。ドイツのホロコースト犠牲者の住居前にある「つまづきの石」

第Ⅲ部　わたしたちの未来はどうなるの？

写⑦-1　平和の踏み石

出所：筆者撮影

のような意味を持たせる予定だ。道行く人が，平穏な毎日のなかでこの石版に「つまづく」ことで，悲劇を忘れないようにし，平和構築のための象徴とすることだ。平和の踏み石は，金曙炅（キムソギョン），金運成（キムウンソン）夫妻が制作した。夫妻は，日本大使館前の「平和の少女像」の制作者として知られている。

韓国の「平和の踏み石」財団は，今後も韓国人犠牲者の出身地と日本の強制労働の現場に平和の踏み石を設置していく。これは，新しいかたちでの民間主導の平和構築への歩みであり，日本の若者もぜひ参加してほしい。

【松本ますみ】

【座談会】 持続可能な地域をめざして：北海道を例に

〔参加者〕　清末　愛砂（室蘭工業大学／司会）
　　　　　　永井　真也（室蘭工業大学）
　　　　　　阿知良洋平（室蘭工業大学）
　　　　　　池田　賢太（弁護士）
　　　　　　片野　淳彦（室蘭工業大学ほか）
　　　　　　松本ますみ（室蘭工業大学）

■ キーワードから考える北海道のいま

清末　座談会「持続可能な地域をめざして：北海道を例に」を始めます。まず，北海道という文脈で平和を考えるために必要なことを考えてみたいと思います。関連するキーワードを挙げていただけますか。

永井　教育や社会資本が乏しいためか，平和であることを享受できるという文脈から音楽や文化等の振興をしていくという意識が欠如していることが気になります。

阿知良　私の家系は北海道に渡ってきたので，やはり入植ということが気になります。入植をしてこの土地で生活を立てていったのですが，それでも歴史認識が薄いように感じます。北海道で平和を考えるときにはこの点を意識していくべきだと感じます。

池田　私は実務家として，普段の相談業務を通して，貧困に陥った人や，DVの被害者に比較的よく会います。彼・彼女たちは生活を自立させていくときに頼るべき資本がありません。したがって，公的セーフティネットである生活保護を利用せざるをえません。保護から脱却できずに，どうしても貧困が再生産されてしまうことが多いように思います。

片野　紛争研究などをしていますと，平和の問題というのを外国の戦争の話というふうにイメージすることが多いのですが，北海道という文脈で平和を考えるのであるならば，もっと身近な，日常の視点というものが大事になってくるだろうと思います。

　身近な暴力であったり，あるいは人々が日々の生活で感じている生きづらさのようなもの，そうしたものが平和を考えるきっかけとして，大事になってくるのではないかと思います。

松本　私はマイノリティ問題を研究してきたのですが，先住民問題が，未解決のまま放置されていることにとてもショックを覚えています。学生もほとんど意識していないということに驚きを感じまし

清末愛砂

た。
　2020年に「象徴空間」(北海道白老町に設置が計画されている「アイヌ文化の振興」や「民族共生」をうたった国立の「アイヌ民族博物館(仮称)」と「民族共生公園(仮称)」のこと。2020年に完成・公開予定)を作るという話になっていますが、それだけで済むような問題ではないと思います。先住民、開拓民、あるいは移民の問題を近代史の文脈で位置づける必要があるのではないでしょうか。

清末　私は本州出身ということもあり、北海道に来るまでは自衛隊のリアルな姿をそれほど目にすることはありませんでした。北海道に住み始めたら、自衛隊をよく目にするようになり、また人々にとってそれが身近な存在だということがわかりました。親戚を含む家族や友人の誰かが自衛隊にいるという人々が一定数存在するという点で本州との差を感じたのです。

　もうひとつは法学を研究する人間ですので、北海道というところで憲法のあり方、存在意義というものを強く考えてきました。特に平和的生存権という意味で考えざるをえないのです。沖縄ほどではないかもしれませんが、北海道もまた「憲法番外地」な側面があり、平和的生存権が脅かされている状況があるのではないかと思います。

　一方、私は札幌に集中する傾向はあるとはいえ、こんな広大な土地からなる北海道の各地に平和運動が存在しているということに驚きを感じています。

■ 持続可能な社会に不可欠なものとは

清末　いろいろなキーワードが出てきました。もう少し掘り下げて話をしていこうと思います。北海道は人口減が非常に進んでいる地域です。たとえば、いま、座談会を行っているこの室蘭市の人口も減っています。隣の登別市も同様で、それが地域再生を阻むひとつの要因となっているように思います。

　北海道の地域社会のキーワードとして、セーフティネットの問題、貧困の問題等々が出されました。これに絡むものとしての経済格差の拡大をどのように押し止めることができるのか、という点について話を聞きたいと思います。地域社会の発展に関する研究をされておられる永井さん、いかがでしょうか。

【座談会】 持続可能な地域をめざして

永井　私はいま，地域の研究として愛媛県今治市について調査をしています。今治は，タオルで有名なところです。タオル産業が華やかなりし頃は，人口は16万人なのに，5つも百貨店がある街でした。

ところが，中国からの輸入品が増えて，2000年頃には百貨店は5つとも潰れてしまいました。タオル産業は主婦のパートで成り立っていました。タオル産業が盛んな頃は，女性の購買力が高かったため，百貨店が5つも成り立っていた，と考えられます。ほかにも要因はありますが，まずはそこが大きいと思います。

室蘭を含む北海道でも女性の社会進出が進み，女性の購買力が上がると，地域での消費が増え，それが地域の活性化につながっていくのではないかといえるのではないでしょうか。女性の社会進出が進むと，いろいろな意味でセーフティネットも強くなるため，格差の縮小にもつながります。

清末　北海道出身の池田さんも貧困の問題を考えておられるということで，実務家の立場からキーワードを挙げられましたが，その点をもう少しお話しいただけないでしょうか。

池田　北海道は全国的に見て離婚率が高いのが特徴ですが，離婚後に養育費の支払いが滞ってしまうケースが多々あります。そうすると，お母さんは養育費が未払いのまま，子どもと共に生活しなければなりません。特にDV被害を受け，いままでの職や生活をすべて投げ打って逃げてきた女性の場合，新たな地で生活を

永井真也

スタートさせるときにはどうしても，生活保護に依存せざるをえないのです。

他方，北海道の賃金水準だと，母子家庭のお母さんは生活保護費を超える収入をなかなか得ることができません。そうすると，結局いつまでも生活保護から抜け出ることができないというお母さんたちが一定数出てきます。そのような状況があるなかで女性の購買力の向上といった場合，お母さんたちにかなりの無理をかけてしまうことにもなるのではとも思いました。

もちろん，社会的に経済を広げていくことは重要ですが，そこにたどり着くことができない人々が多数存在するということも，見捨ててはならないのではないかと思います。

松本　シングルマザーについてですが，

池田賢太

男性がそれなりの収入を得られる安定した仕事に就くことができない、ということも大きな要因のひとつではないかと思うのです。そう考えると、産業の衰退は、家庭を経済的に支えることができなくなる大きな要因のひとつになるのではないでしょうか。

池田 たしかに家計全体が貧しいというのもあると思います。お母さんのパート収入が家計の補助というかたちではなく、そもそもお母さんが働いていかなければその家計が回っていかない状態になっているケースが比較的多いのではないかと思います。

　最近では保育所問題も話題になりました。家計を助けるために子どもを保育園に預けて働いても、保育料が高い。結局、パート収入が保育料に消えてしまうことになると、どれだけ働いても家計自体は豊かにならないのではないかと思います。

■「植民地」という意識

清末 次に各論として歴史について話を進めていきたいと思います。本書のコンセプトのひとつは、北海道の近現代史を負の歴史から見るというところにあります。北海道の平和あるいは平和学というものを近代史の文脈で考えていくと、植民地支配や植民地主義の問題を避けて通ることはできません。

　支配者側はさまざまなかたちでこの地に移住してきているわけですが、阿知良さんも指摘されていたように、私自身も支配者側には加害者としての意識があまりない、または完全に欠如していると感じることがよくあります。なぜ、そのような状態が生まれたのでしょうか。

阿知良 政治的に見れば屯田兵や開拓農民をはじめ、入植が軍事化と密接に関わるかたちで行われてきたことは間違いない歴史的事実です。同時に、北海道に渡った人の生活の過程を見ると、たとえば本州で暮らせなくなり、日本の軍事的な国策を通して満洲へ渡ったがそこでも今度は国策に見捨てられ、出身地に戻ろうと思ったものの、戻ったところで仕事がないため、北海道の空いている土地に行かざるをえないというパターンなどがあります。しかし、行きついた土地は非常に痩せていて、生活を立てるのに苦労するのです。これほどまでに棄民扱いを受

【座談会】 持続可能な地域をめざして

けると，どのようにしたら植民地支配を担ってしまったことから生じる加害性を意識することができるのだろうか，と考えてしまいます。私のなかでの難しい問いです。

清末 同じく北海道出身の片野さんはいかがでしょうか。

片野 自分自身の生い立ちなどを振り返ってみますと，教育，とりわけ歴史教育の問題が大きいと思うのです。植民地といえば，どうしても世界史の教科書で教わることというイメージで，イギリスがインドを植民地にした，あるいは欧米列強がアフリカの各地域を植民地にしたというように，海の向こうの出来事と捉えられてしまいます。日本の植民地支配についても台湾や朝鮮半島，満洲というように，やはり海の向こうの出来事になります。北海道も「津軽海峡の向こう側」ではありますが，植民地主義，植民地支配の歴史の延長線上に北海道を捉えて，明確に提示する教育がなされてこなかったという印象があります。

清末 松本さんは長年されてきたマイノリティ研究をベースにしながら，北海道の負の歴史や植民地支配の問題をどのように捉えてきたでしょうか。

松本 マイノリティ研究というのは，どちらの立場に立つのかということでそのあり方が違ってきます。北海道の住人にはさまざまな種類の人が存在します。たとえば，最初の入植者は士族だったわけです。まず，明治維新で禄を奪われた士族の人々がやってきました。その次にい

松本ますみ

わゆる「流民」が来ました。つまり，食い詰めた人々ですね。そのなかには，渡良瀬の足尾銅山鉱毒事件で住めなくなった人々が，サロマ湖周辺への移住を余儀なくされる状況も起きました。

　一方，北海道は中流階級にとっての就職場所でもありました。たとえば，警察や牢獄の監守等になるといった，本州では望むべくもなかったよい地位や高い給料がもらえるという希望の場所でもあったわけで，非常に複層的なものだったと思います。

　そう考えていくと，実は北海道とは，後の日本の植民地支配のプロトコル（原型）であったといえるのではないでしょうか。つまり，ここである程度の成功をしたために，大日本帝国は自信を持ち，外に出ることができるようになったと考えられます。

131

片野淳彦

　したがって，先ほど片野さんがおっしゃったように，実は海外のものだと切り離して考えてしまうのは，北海道が植民地のなかで日本に偶然残った，という歴史的事実にもとづいているということなのではないでしょうか。ですから，「内地並み」になってしまったことが，逆に自分たちが植民地に住んでいるという意識を薄めてしまう原因のひとつになっていると私は考えています。

清末　室蘭工業大学で憲法学を教えながら考えさせられるのは，そもそも日本国憲法が北海道で適用されているということ自体が，植民地支配の結果であるという点です。しかし，多くの憲法学者はそのような視点を持っていません。

　たとえば，現行の日本国憲法のなかには先住民の権利に関する明文規定は存在しません。憲法学では，「集団としての権利」についての考え方がなかなか浸透しない状況があるように思います。私自身，北海道に来てからようやく，憲法教育を通して先住民の権利をどこまで教えることができるのだろうかという疑問を持つに至りました。北海道に来なかったら，こういう視点は持ちえなかっただろうと思います。

■ 加害者／被害者の二項対立を問いなおす

清末　植民地主義や植民地支配という視点は，北海道で平和を構築していく際に向き合わざるをえない〈当事者性〉の問題に，きわめて重要なヒントを与えるものだと思います。

　では，いかにして過去から現在までつながっている北海道の負の歴史の「克服」を試み，真の「和解」に向かって動きだすことができるのでしょうか。克服と和解に向けた必須条件についてお聞きしたいと思います。

　和解について深い見識を持たれている片野さん，いかがでしょうか。

片野　紛争研究では，和解を「関係の修復」と広く定義することが一般的ですが，真の和解に達するためには，まず関係のどこが，どのように傷ついているのか，そのほころびについて検証していくことが大事です。

　先ほどの松本さんと清末さんの話に重なる点がありますが，マイノリティの扱いという点でも，「内地並み」になってしまった北海道が植民地としての自覚を持ちにくいという性質はあるように思いま

す。

　北海道には先住民のアイヌが住んでいます。これらの人々は日本国憲法の施行後もそのまま自動的に日本国民の一部として取り扱われてきましたが，他の旧植民地出身者，とりわけ在日韓国・朝鮮人（コリアン）は，日本国憲法施行の前日に公布された外国人登録令や，サンフランシスコ講和条約発効にあわせて制定された外国人登録法により，日本国籍を失うこととなりました。すなわち，日本国憲法の施行においても大きな分かれ道があったということであり，その点でも北海道はある意味「内地並み」に扱われ，それゆえに先住民の問題や植民地支配の問題がより見えにくくなり，その〈被害者性〉が見えにくくなっているという面はあると思います。

　そうした負の歴史がわたしたちのさまざまな社会関係にほころびを生じさせている，ということをまず私たちが明らかにしていくこと，歴史を再検討し，もう一度新しい視点で歴史をひもときなおす，ということが必要になるだろうと思います。

　さらに，阿知良さんの話の延長線になりますが，いわば植民地支配というかたちで加害と被害という関係性が前提とされるときに，加害者が一方的に責任をとり，被害者が加害者を糾弾することで和解が得られるのか，というと，おそらくそう簡単ではないと思われます。

　先ほどの話のように，いわば加害者として位置づけられるべき「内地」から渡ってきた人々，あるいはかつての旧植民地から北海道に移り住んできた人々，そのなかで開拓に勤しんできた人々もまた，さまざまな痛みを抱えつつこの地にやってきて，自らの生活を立てていくために並々ならぬ苦労をしてきたわけです。そのような歴史もあるなかで，一方的に一方が他方を糾弾し，責任をとらせるという考え方とは異なる考え方も必要だと思います。

　私は「修復的正義」という考え方にとりわけ関心がありますが，これは，加害者の処罰よりも，加害者・被害者のニーズを満たすことに重点を置くという，いわゆる通常の刑事司法とは異なる責任の概念を提示しようとするものと理解されています。北海道の歴史に限らず，東アジアにはさまざまな歴史問題が，いまでも私たちの目の前に横たわっているわけですが，こういう問題に対処する可能性のひとつとして，修復的正義の考え方を適用できるのではないでしょうか。すなわち，加害者・被害者双方が求めるニーズにどれだけ応答できるのか，またそれを通して，従来の刑事処罰とは異なる責任のとり方を見出していくことができるのか，という点を議論することが，これから真の和解にとっては必要だと思います。

清末　阿知良さんは，平和学の観点から地域の生活創造の可能性に関する研究をされてきました。北海道という文脈から，住民たちが負の歴史をどのように捉えてきたのか，またその歴史を克服しよ

阿知良洋平

うとしてきたのか否か,という点について,研究上見えてきたことがあれば教えてもらえないでしょうか。

阿知良 植民地を形成していく過程のなかで,個々の底辺の生活者が感覚の次元で加害性をどのように感じてきたのか,という点を少し考えてみました。その生活者の視点からは,先住民等の他者に対する加害性を必ずしもその他者の直接の告発を契機に感じてきたというわけではありません。むしろ,タコ部屋労働者であれば「自分の身体」との関係で感じてきたわけですし,また開発とのかかわりでいえば,「自然を壊す」なかで「無理な加減」というものを強く感じていたと思うのです。それらの点を考えると,自分自身の身体や北海道の自然を壊すということと,他者に対する暴力というのが同時に存在していた,と考えるべきではないかと思いました。

したがって,どのように北海道の自然環境と付き合っていくのか,そして自分の身体を壊さないような労働をどのように作っていくのか,という発想に至ったときに,やはり自分たちの「新しい暮らし方」というものを考えていく必要性が出てきたわけです。ここから,戦後の高度成長の発展の観念との折り合いのつけ方や生活創造と平和というものを考えていかなければならないのではないかと感じてきたところです。

松本 〈加害者と被害者〉というものを分けることは,非常に難しいです。複層的であるということが,ひとつのキーワードになるのではないでしょうか。「全員が加害者で,全員が被害者」という状況下で,どのように折り合っていくのかという点を誤ったまま,道を進めてきてしまったという点を挙げることができます。

また,阿知良さんの話に続けるならば,結局のところ,明治以来の150年の近代化に対する検証が必要ではないかと思うのです。自然を切り開いて人を投入し,資本を蓄積するという過程が20世紀だったとするならば,この段階ではおそらくTPPの問題が浮上するでしょう。別の生き方をしなければならないのに,オルタナティブな生き方そのものをわたしたちがいまだ身につけていない,ということを問題の俎上に載せるべきなのではないでしょうか。

つまり、片野さんがおっしゃったように、近代化には暴力も自然の破壊もあり、また「内地」であぶれた人々が北海道でようやく食いつなぐことができたという喜ぶべき事実もあったわけです。それらを全部継承しながら、同時にこれらはいったい何であったのかという検証をすることなしには、次には絶対に進めないと思います。

そのためには、歴史をもう一度学んでおくべきでしょう。沖縄には歴史を学ぶための副読本があります。しかし、北海道にはそれはありません。この場合の副読本とは、アイヌ関連の副読本という意味ではなく、いままで話をしてきた事柄を全部統合したような「北海道史」という意味での副読本です。

■ 新たな北海道を築くためにできること

清末 学生を含む若い世代がこれからの北海道を築いていくことになる点にかんがみ、最後に未来に向けたメッセージをお願いします。

池田 難しいテーマですが、問題が絡まり合うなかで、わたしたちはどこを見ながら生活をしていくのか、という観点が必要だと思います。

私は常々、日本国憲法13条がいう「個人の尊重」あるいは「個人の尊厳」という考え方が大事だろうと思っています。個人の尊重をどのように説明するかというと、「私自身のことも大切。だからこそ目の前にいるあなたのことを大切にし、会ったことのない人のことも大切に考えているのだ」ということになります。

これを個人の尊厳にあわせて考えてみたとき、自分が置かれている環境だけではなく、自分のパートナー、親、友人、あるいはこの地域社会の状況がどのようなものなのか、ということに無関心であってはならないと思うわけです。その底上げを図っていくことが、わたしたちをも含む若い世代が〈新たな北海道〉を築き上げていくことになるのではないでしょうか。

片野 思い切って一言でいうならば、「民主的参加」ということになるでしょう。池田さんの話にも重なりますが、個々の人間が尊いものとして捉えられ、その人々が社会の組み立てや運営に参加していく過程を、これからの北海道の未来を展望するうえで、私は大事にしたいと思います。

清末さんが最初に少し触れられていた平和運動の地域的広がりもそうですし、それ以外にも北海道にとって明るい未来を展望させてくれるような要素というものを本書のなかからいくつか見出すことができると思うのです。そういうものをあらかじめひと括りにするキーワードとして、民主的参加という言葉を思いつきました。

人々がそれぞれの過程や制度、あるいはルール作り、日々の生活創造に参加していくなかで個々の意見、あるいはそれらの人々が持っている来歴や人生経験というものが互いに尊重される。異なる道を歩いてきた人々の話に耳が傾けられ

る。そしてそれらが丁寧に扱われる。このようなことが、わたしたち一人ひとりをエンパワーすることにつながっていくだろうと思います。

永井 私はいま、室蘭工業大学で「地域再生システム論」と「胆振学入門」の授業に関わっています。地域再生システム論では、当初は経済の循環について考えていたのですが、それではもうひと押し足りないと感じ、胆振学入門の科目を作るときに、「地域愛」、「地域を知る」というテーマを入れることにしました。地域にはそれらのテーマについて話ができる人材がいます。地域を盛り上げようという要素が教育のなかで必要だと感じています。ですから、将来のみなさんにはこの北海道や各自の地域を好きになることから始めてほしいと思っております。

阿知良 新しい生き方や働き方は、さまざまなところで試みられていると思いますが、それらは簡単に見えてくるものではないと思います。いまの時代は「行き詰まりの時代」でもあるので、「行き詰っているので、この先が見えない」「私にはこれはできない」「私はいま、大変なので助けてほしい」というように、自分ができないことを隠す必要はまったくないわけです。

　逆にいうと、「絶対に大丈夫」、「間違いない」という時代ではないため、お互いにできないことを表に出して、そこから協働的な活動を生み出していくという方向性で自分の生き方を作っていくことが大事になるのではないかと思います。

池田 この間、若者によるデモ等がたくさんあり、私もそれに携わる機会がありました。自分が声をあげてもいいと感じることができる。やりたいことを表現することが許容される。それまでは自分一人で抱えていたものを周囲に伝えることができる。それによって、結果的に面白い化学反応を生み、またそのような社会を生み出していく力につながっていくのではないか、ということを阿知良さんの話を聞きながら考えました。

　そういう意味では、「助けて」「生きづらい」ということを自分で表現することが、「実は私もそうなの」ということにつながり、持続可能な地域をめざしていく際の新しい切り口に結びつくのではないでしょうか。

片野 阿知良さんと池田さんと永井さんの話に関わってきますが、私はもうひとつ「ニーズへの応答」ということを考えました。

　声があがり、助けが求められ、困っていることが表現されると、それらが周囲に波紋を引き起こし、隣人に影響を与え、人々の行動や次の活動、社会的動きなどを促していく。これは、コミュニティを作り上げていくためのひとつの大切な力学だと思います。

　ニーズのある人、困っている人、傷ついている人が声をあげたときに、その声に応えようとする人々が現れ、そのニーズを何とか満たそうとする。その傷を癒そうとする。壊れた関係を修復しようとする。そういう動きが起き、地域の人々

【座談会】 持続可能な地域をめざして

がそこに参加をする。

　そうすることでそこに一種の「自治」のようなものが生まれ，自分たちの社会生活を自分たちの力で作り上げていく，あるいはその方向づけをしていくことが積み重ねられていくと，わたしたちが「平和を作り出す当事者」としての意識を実感できるのではないかと思いました。

松本　北海道というのは，さまざまなところからやってきた人々のコミュニティで，非常に風通しのよいところだと思います。

　今まではその風通しのよさというものが，社会運動というかたちでプラスに働いたかもしれませんが，産業構造の解体においてはそうではなかった。コミュニティがほとんど解体してしまったというのであれば，新しいコミュニティを作っていくというのもいいのではないかと考えています。そういう意味では，「しがらみがない」ことのメリットでもあり，「しがらみのなさ」が，もっと大きな多様性に向けて開かれた道につながることになるのではないでしょうか。

　かつて「開かれた土地」であったならば，それをさらに開かれた土地にしていくために必要となる「関係性の修復」を積極的にしていく軸となる場所になればいいのではないかと考えています。

清末　最後に司会を務めた私のメッセージで終わらせていただきます。私は室蘭に住んで５年くらいしか経っていません。室蘭に来て結果的によかったと思う点は，人との横のつながりができたということ，それから松本さんがおっしゃったように，風通しがよいということもあり，人との濃密な関係を短期間で構築することができたということにあります。これらが，私を「今後も室蘭に住もう」という気分にさせてくれました。

　私の職場の室蘭工業大学の学生が，卒業後にどのくらい北海道に住み続けていくのかわかりませんが，少なくとも学生時代に「住みやすい」「精神的に落ち着いて生活ができる」「人とのつながりを持てる」「自分の可能性を試すことができる」といった気持ちを持つことができるようになれば，それらが地域社会の発展にもつながりうるだろうと思います。本書を読み，「地域に生きることは苦しさもあるが，楽しさもある」，「自分がその当事者の一人になることができる」と考えてもらえるようになれば，非常に嬉しいです。

　しかし，実のところそれはそれほど簡単なものではないということも認識しています。本日の座談会でも北海道内の経済的格差・貧困，生きづらさ，先住民，マイノリティに関わる問題，それから植民地としての北海道の負の歴史が話題になりました。それらをきちんと見据えたうえで社会を変えていく力を私たち一人ひとりが持たないと，北海道の未来は変わらないでしょう。

　歴史を学ぶということはとても大切だと思います。過去から現在までの歴史は一本の時間軸でつながっており，歴史とは途中で切れないものであるからこそ，

その軸をまっすぐ見つめながら，学んでいく必要があるのではないでしょうか。
　みなさん，本日は誠にありがとうございました。

　　（2016年5月12日・室蘭工業大学にて）

おわりに

　2016年9月25日，NHKで放送された「縮小ニッポンの衝撃」という番組は，未曾有の急激な人口減に直面する日本のありようを描いて，視聴者にまさに「衝撃」を与えた。とくに，2015年の国勢調査で人口減少が最大であった北海道の視聴者にとっては，番組の内容はひとごとではない。花形エネルギー石炭産出地としてにぎわい，最大人口11万人を擁した夕張市は2015年段階で人口9,000人台へと急激に減少した。353億円という巨額の負債を抱えて2006年に財政破綻した後，財政の立てなおしのために公務員の大幅給与カットなど，住民サービスの削減，学校の統廃合など，痛みをともなう努力をしてきた。

　番組のなかでもとりわけ考え込まされたのが，市内最大の清陵団地の実情である。かつて1,200世帯が住んでいたのが，現在は260世帯にまで減っている。21.6％の入居率である。老朽化が進んだ市営住宅で，引越しや病気，死亡などで櫛の歯のように隣人が抜けている。そんな棟の1部屋で暮らす老人世帯に対し，行政は彼らに引越しさせ結果的に4つ程度の棟に集約し，あとはすべて壊すという「撤退戦」プランを提示した。しかし，そのいわゆるコンパクトシティ化に対して首を縦に振らない人々がいるのもまた確かである。夕張市の人口が一番多かったのは1960年代。その地に移り住んで働き，青春をすごし，家庭を持ち，子どもが巣立ち，いま老後を迎えた人々にとって，住宅サービスが悪かろうが，市営住宅が老朽化しようが，夕張市は団地の一室といえども住み慣れた「故郷」である。行政が住民の意思を無視してことを進めることは難しい。

　本書の第5章にも，夕張でかつて仕事をし，いまは別の場所で暮らしている人の話を載せた。北海道は内地の余剰人口を養う場所として近代日本の歴史に登場した。しかし，少子高齢化の波を一番もろに受けているのも北海道である。2015年の国勢調査では538万人で2010年のそれより2.2％減，ピーク時の1995年の569万人から約30万人も減った。余剰人口を養うどころか，広大な耕作放棄地，老朽化した団地やシャッター街をどのようにすれば持続可能な発展が遂げ

られるのか，という議論が札幌圏以外の道内市町村で沸き起こっている。
　開拓史以来の北海道の約150年の歴史を俯瞰してみると，たしかに夕張市をはじめとしたほとんどの市町村での人口減少にともなった現在進行形の「撤退戦」はいまだ誰も経験したことのない異常事態である。思えば，無尽蔵とも思える天然資源を利用することによって前へ前へ，つねに右肩上がりで拡張し続けなければならないという19世紀以来の「領土拡張主義」「経済発展法則」に従ってきたのはたしかに北海道だけではない。しかし，北海道は「内国植民地」として，経済発展への動機や動きは内地よりも激しいものであったということはいえるだろう。だからこそ，「撤退戦」もまた多くの痛みをともなう苦渋のものであるということであろう。
　本書が扱ったのは，現在の課題，過去の問題，そして未来への展望である。とくに，奨学金問題は大学生の多くが悩まされる問題である。学びたいのに親家庭が経済的に苦しく十分な仕送りがなかったり，自分で学費を払っていたりする学生もまた多い。学生の本分である学業よりはアルバイトに時間をとられて勉学に身が入らない，ということは憲法で守られた学ぶ権利を社会が間接的に奪っているということである。言い換えれば，少子化が進む社会のなかで将来を託すべき数少ない若者を社会が疲弊させ，その労働力をいいように利用していることになる。すなわち，社会全体が「ブラック化」の方向に走っているということだ。そんな若者を足元から軍事化の波が襲う。ひたひたと押し寄せる「貧困化」は，若者に幸福な未来を選びとる自己決定権すら奪ってしまう。しかし，「撤退戦」を若者にまで強いるわけにはいかない。サイズダウンしつつも，自分らしく安心して生きられる社会や思想構築へ向けて模索を続けなければならない。
　北海道に住むわたしたちはここでいったん立ち止まり考えなければならない時が来ている。見たくない，考えたくないと消してしまった過去の記憶や記録を再度検証し，他者・隣人からの声に向き合い，自然環境と人間性を破壊してまで物質的・金銭的な「豊かさ」をめざした近代化とその弊害について真摯に向き合うことから始めなければならない。たとえば，北海道大学の基礎を築いた新渡戸稲造が，約100年前に日本の台湾における植民地統治を「よきもの」と

おわりに

して海外に宣伝していたことや，北海道大学そのものがアイヌ遺骨返還問題に真っ向から向き合うことを避けてきたことに対して，「なぜ」「どうして」と問い続けなければならない。その問いの果てに，未来に対する展望へのヒントのようなものが隠されているのではなかろうか。

まずは，自分を大事にすることから始めてほしい。そして，知らないことに謙虚になってほしい。そのうえで自分が進むべき未来の見取り図を描いてほしい。できれば，北海道を好きでい続けてほしい。あるいは，北海道をもっと好きになってほしい。本書の趣旨はそれに尽きる。

本書は，主に日本平和学会東北・北海道地区の会員が執筆を担当した。執筆者には北海道で生まれ育った者，北海道に新しく移り住んだ者の双方がいる。編者の清末・松本両名は，いずれも本州で育ち仕事をしてきた，北海道にとっての新移民である。移り住んで以降のさまざまな驚きや発見，人々との幸運な出逢いがこの本が生まれた背景にある。

最後に，筆の遅れがちな執筆者と編者をいつも後押ししてくれた法律文化社の上田哲平氏の激励がなければ本書は世に出ることはなかった。ここに記して感謝申し上げる。

【松本ますみ】

執筆者紹介
(執筆順，＊は編者)

＊清末　愛砂（きよすえ　あいさ）　室蘭工業大学大学院工学研究科准教授
　　　　　　　　　　　　　　　　　　はじめに，第3章，コラム①，コラム⑥

池田　賢太（いけだ　けんた）　弁護士　　　　　　　　　　　第1章，コラム②

亀田　正人（かめだ　まさと）　室蘭工業大学大学院工学研究科准教授　　第2章

永井　真也（ながい　しんや）　室蘭工業大学大学院工学研究科准教授　　第2章

＊松本ますみ（まつもと）　室蘭工業大学大学院工学研究科教授
　　　　　　　　　　　　　　　　第4章，第5章，コラム⑦，おわりに

阿知良洋平（あちら　ようへい）　室蘭工業大学大学院工学研究科講師　　第4章，第7章，コラム①

片野　淳彦（かたの　あつひこ）　室蘭工業大学・札幌大学・北星学園大学ほか非常勤講師　　第6章

前田　輪音（まえだ　りんね）　北海道教育大学大学院教育学研究科准教授　　コラム③

小田　博志（おだ　ひろし）　北海道大学大学院文学研究科教授　　コラム④

藤岡　登（ふじおか　のぼる）　特定非営利活動法人サムリブ理事長　　コラム⑤

【編者紹介】

清末　愛砂（きよすえ　あいさ）　室蘭工業大学大学院工学研究科准教授

　　大阪大学大学院国際公共政策研究科博士後期課程単位修得退学
　　大阪大学大学院助手，同助教，島根大学講師を経て，2011年より現職
　〔主要著書〕
　　『安保法制を語る！自衛隊員・NGOからの発言』（共編著）現代人文社，2016年
　　『これでいいのか！日本の民主主義――失言・名言から読み解く憲法』（共著）
　　　現代人文社，2016年

松本ますみ（まつもと　ますみ）　室蘭工業大学大学院工学研究科教授

　　新潟大学大学院現代社会文化研究科博士課程修了，博士（学術）
　　敬和学園大学教授等を経て，2014年より現職
　〔主要著書〕
　　『イスラームへの回帰――中国のムスリマたち』山川出版社，2010年
　　『中国民族政策の研究』多賀出版，1999年

Horitsu Bunka Sha

北海道で生きるということ
――過去・現在・未来

2016年12月20日　初版第1刷発行

編　者　清末愛砂・松本ますみ
発行者　田靡純子
発行所　株式会社　法律文化社

〒603-8053
京都市北区上賀茂岩ヶ垣内町71
電話 075(791)7131　FAX 075(721)8400
http://www.hou-bun.com/

＊乱丁など不良本がありましたら、ご連絡ください。
　お取り替えいたします。

印刷：中村印刷㈱／製本：㈱藤沢製本
装幀：仁井谷伴子
ISBN 978-4-589-03815-9

©2016 A. Kiyosue, M. Matsumoto Printed in Japan

JCOPY 〈(社)出版者著作権管理機構 委託出版物〉
本書の無断複写は著作権法上での例外を除き禁じられています。複写される
場合は、そのつど事前に、(社)出版者著作権管理機構（電話 03-3513-6969,
FAX 03-3513-6979, e-mail: info@jcopy.or.jp）の許諾を得てください。

小田博志・関 雄二編
平 和 の 人 類 学
A5判・230頁・2400円

平和を人類学から捉え直す作業を通じて、平和のつくり方や伝え方におけるオルタナティブな手法を考察。フィールドと人に密着して分析する人類学アプローチによって、平和創造への新たな視座を提示する。

日本平和学会編
平和を考えるための100冊＋α
A5判・298頁・2000円

平和について考えるために読むべき書物を解説した書評集。古典から新刊まで名著や定番の書物を厳選。要点を整理・概観したうえ、考えるきっかけを提示する。平和でない実態を知り、多面的な平和に出会うことができる。

広島市立大学広島平和研究所編
平和と安全保障を考える事典
A5判・710頁・3600円

混沌とする国際情勢において、平和と安全保障の問題を考える上で手引きとなる1300項目を収録。多様な分野の専門家らが学際的アプローチで用語や最新理論、概念を解説。平和創造の視点から国際政治のいまとこれからを読み解く。

貝澤耕一・丸山 博・松名 隆・奥野恒久編著
アイヌ民族の復権
―先住民族と築く新たな社会―
A5判・246頁・2300円

アイヌ民族の復権へ向けた問題提起の書。二風谷ダム裁判をあらためて問い直すことを契機に、アイヌ復権への根源的な課題を学際的かつ実践的アプローチにより考察。先住民族と築く多様で豊かな社会を提言する。

越田清和編
アイヌモシリと平和
―〈北海道〉を平和学する！―
A5判・226頁・2600円

アイヌモシリ(北海道)が日本の植民地であったという「植民地支配の認識」をふまえ、北海道における平和を考える。アイヌ民族の軌跡を問い直すだけでなく、人権・開発・平和をオキナワやフクシマとの応答も含め、多様に考察する。

―法律文化社―

表示価格は本体(税別)価格です